AF204983

LITERATHEK

Herausgegeben von Florian Radvan und Anne Steiner

Johann Wolfgang Goethe

Die Leiden des jungen Werthers

Bearbeitet von Alexander Joist

LITERATHEK

Literathek

Johann Wolfgang Goethe **Die Leiden des jungen Werthers**

Redaktion Verena Walter

Layout und technische Umsetzung Buchgestaltung + Berlin

Umschlaggestaltung HOX designgroup, Kay Bach, Köln

Bildquelle Johann Wolfgang Goethe (Lithografie, 18. Jahrhundert)
akg-images (S. 6)

www.cornelsen.de

Die Webseiten Dritter, deren Internetadressen in diesem Lehrwerk angegeben sind,
wurden vor Drucklegung sorgfältig geprüft. Der Verlag übernimmt keine Gewähr für die
Aktualität und den Inhalt dieser Seiten oder solcher, die mit ihnen verlinkt sind.

1. Auflage, 1. Druck 2016

Alle Drucke dieser Auflage sind inhaltlich unverändert und können im Unterricht
nebeneinander verwendet werden.

Druck: H. Heenemann, Berlin

ISBN 978-3-06-060527-9

 Inhalt gedruckt auf säurefreiem Papier aus nachhaltiger Forstwirtschaft.

Inhalt

Kurzbiografie

Johann Wolfgang Goethe

Johann Wolfgang Goethe (Lithografie, 18. Jahrhundert)

»Goethe ist ein Ereignis in der Geschichte des deutschen Geistes – Nietzsche meinte, ein folgenloses. Doch Goethe war nicht folgenlos. Zwar hat die deutsche Geschichte seinetwegen keinen günstigeren Verlauf genommen, aber in anderer Hinsicht ist er überaus folgenreich, und zwar als Beispiel für ein gelungenes Leben, das geistigen Reichtum, schöpferische Kraft und Lebensklugheit in sich vereint. Ein spannungsreiches Leben, dem einiges in die Wiege gelegt war, das aber auch um sich kämpfen musste, bedroht von inneren und äußeren Gefahren und Anfechtungen. [...] Jede Generation hat die Chance, im Spiegel Goethes auch sich selbst und die eigene Zeit besser zu verstehen.« (Safranski 2013, S. 15 f.)

In diesem Zitat des Philosophen und Goethe-Biografen Rüdiger Safranski drückt sich ein typisches Phänomen in der Beschäftigung mit dem Schriftsteller Johann Wolfgang Goethe (1749–1832) aus: Kaum jemand liest »nur« einen Roman, ein Drama oder ein Gedicht von ihm, ohne sich mit dem vielgestaltigen und mythenumwobenen Leben des Autors zu beschäftigen. Die einen fasziniert der junge stürmische und emotionale Autor des *Werther*, die anderen interessieren sich für die Liebeleien des jungen und des alternden Dichters, wieder andere für Goethes spannungsgeladene (Künstler-) Freundschaft zu dem zweiten großen Schriftsteller der Klassik, Friedrich Schiller (1759–1805). Oder Besucher der Stadt Weimar schwärmen von Goethes Haus am Frauenplan und seinem Gartenhaus an der Ilm.

Die vielfältigen Aspekte von Goethes Leben führen bis heute zu einer unüberschaubaren Flut an Literatur über den Autor und sein Werk. Neben biografischen Untersuchungen zu Goethes *Kunstwerk des Lebens* (Safranski 2013) oder zu seiner Ehefrau Christiane Vulpius (Damm, Sigrid: *Christiane und Goethe. Eine Recherche.* Frankfurt/Main, Leipzig: Insel Verlag 1998) seien hier nur erwähnt: Martin Walsers Roman *Ein liebender Mann* (2008) über die letzte Liebesschwärmerei des alternden Autors oder der Film *Goethe!* (2010) über seine Wetzlarer Referendarzeit, die einer der Auslöser für seinen größten Publikumserfolg, *Die Leiden des jungen Werthers,* war.

So wie es auf der einen Seite oft zu einer Goethe-Verehrung bis zur Überhöhung kam, so wurden auf der anderen Seite Schmähschriften gegen ihn verfasst mit reißerischen Titeln wie *Goethe und seine Opfer. Eine Schmähschrift* (Tilmann, Jens, Düsseldorf: Patmos 1999) oder *Goethe ungeschminkt. Vernichtendes zu Werk und Charakter eines Gecken* (Merkel, Günter B., Wilhelmsfeld: SWP Buchverlag 2009). Das Pendel zwischen Begeisterung, Interesse und Abwehr schlägt weit aus, auch im schulischen Bereich: Nicht von ungefähr ist der Schauplatz einer der erfolgreichsten deutschen Schulkomödien eine *Goethe-Gesamtschule,* im Film sprüht ein Schüler titelgebend auf einen Zugwaggon: »Fack ju Göhte« (2013: Teil 1; 2015: Teil 2). Der Name steht oft für von Lehrplänen vorgegebene »Klassiker«-Literatur und der Autor scheint vielen auf einem allzu hohen Podest zu thronen. Sicher ist: Bei Goethe kam eine glückliche Mischung aus Begabung, Leidenschaft, scharfem Verstand, vielfältigen Interessen und sozialer Privilegierung zusammen, die ihn bis in sein hohes Alter hinein ein beachtliches Werk zustande bringen ließ.

Johann Wolfgang Goethe wurde 1749 in eine wohlhabende Frankfurter Juristenfamilie hineingeboren und erfuhr in diesem Umfeld gemeinsam mit seiner Schwester Cornelia

(1750–1777) eine umfangreiche Bildung durch seinen strengen Vater Johann Caspar und die musische Mutter Catharina Elisabeth (1731–1808). Nach Jahren privaten Unterrichts bei den Eltern ging der erst 16-Jährige auf Drängen des Vaters zum Jurastudium nach Leipzig. Hier nahmen verschiedene Menschen Einfluss auf den jungen Studenten: Er begann eine etwa zwei Jahre dauernde Liebschaft mit einer Handwerkertochter, besuchte die Vorträge des Schriftstellers Christian Fürchtegott Gellert (1715–1769) und schrieb erste Gedichte im Stil des Rokoko. Nach einem Blutsturz infolge einer tuberkulösen Erkrankung kehrte Goethe 1768 ins elterliche Haus zurück. Er nahm 1770 sein Studium in Straßburg wieder auf, das er 1771 mit dem sogenannten Lizenziat (entsprach damals dem Doktor der Rechtswissenschaften) abschloss. In diese Straßburger Zeit fielen – ähnlich wie in Leipzig – wichtige Begegnungen mit Intellektuellen wie dem Theologen und Philosophen Johann Gottfried Herder (1744–1803), aber auch mit jungen Frauen wie der Pfarrerstochter Friederike Brion. Die Literatur des jungen Schriftstellers war beeinflusst von Herders Kunstauffassung (dieser forderte u.a. von der Dichtung Originalität statt Nachahmung und lobte die Poesie der Volkslieder) und auch von seinen eher schwärmerischen als sexuell geprägten Beziehungen zu Frauen.

Dies zeigt sich nicht nur in den Sesenheimer Gedichten der Straßburger Zeit, sondern vor allem in Goethes mit Abstand erfolgreichstem Werk, *Die Leiden des jungen Werthers,* das er in nur vier Wochen zu Beginn des Jahres 1774 niederschrieb. Die künstlerischen Vorstellungen anderer zeitgenössischer Schriftsteller flossen in Sprache und Themen ein. Vor allem Goethes auch autobiografisch motivierte Arbeitsweise wird in diesem Werk deutlich: Goethe hatte auf Drängen seines Vaters die eigene, wenig erfolgreiche Anwaltskanzlei in Frankfurt verlassen und 1772 ein Praktikum beim Reichskammergericht im kleinen Städtchen Wetzlar begonnen. Die Grundkonstellation des Romans erlebte der Schriftsteller hier selbst, als er sich in Charlotte Buff, die Verlobte seines juristischen Kollegen

Johann Christian Kestner, stürmisch verliebte und Wetzlar kurze Zeit später wegen der aufflammenden privaten Konflikte verließ. Nicht nur diese autobiografischen Aspekte flossen in den Roman ein, sondern auch eine andere tragische Liebesgeschichte dieser Zeit, die der Schriftsteller nur am Rande mitbekam: der Selbstmord des ebenfalls in Wetzlar tätigen Juristen Karl Wilhelm Jerusalem (1747–1772) wegen einer unglücklichen Liebe zu einer verheirateten Frau. Aus diesem Gemisch an Erfahrungen, Begegnungen und Ereignissen entwarf Goethe seinen berühmten Briefroman.

Erfolg in ganz Europa war ihm beschieden, das sogenannte »Werther-Fieber« brach aus: Junge Menschen kleideten sich im Stile Werthers (gelbe Weste, blauer Frack, gelbe Kniehose, grauer Filzhut, Stulpenstiefel), Porzellan mit Werther-Motiven wurde verkauft. Es wurden sogar Suizide angeblich mit Blick auf das »Vorbild« Werther begangen, allerdings ist diese Rückführung auf Goethes Roman bis heute nicht vollständig geklärt und deshalb umstritten. Jedenfalls war der Roman so beliebt, dass sogar Kaiser Napoleon I. den Autor 1808 bei einer Audienz auf den Text ansprach und behauptete, diesen siebenmal gelesen zu haben.

Auf Einladung des 18-jährigen Herzogs Carl August (1757–1828) besuchte der mittlerweile berühmte 26-jährige Goethe im Jahre 1775 das nur 6000 Einwohner zählende Weimar, Hauptstadt des Herzogtums Sachsen-Weimar-Eisenach. Die beiden jungen Männer verstanden sich blendend. Goethe übernahm auf Bitte des jungen Herzogs Leitungsämter und wurde Geheimer Legionatsrat sowie Mitglied im engsten Beraterkreis von Carl August. In den Folgejahren verfolgte der junge Schriftsteller zwar mehr seine Beamtenlaufbahn als seine Schreibtätigkeit. Dennoch: Während er sich um den Bergbau, das Kriegsministerium und das Theater im Herzogtum kümmerte, entstanden erste Entwürfe seiner später vollendeten Dramen *Iphigenie auf Tauris, Egmont* und *Torquato Tasso* und er veröffentlichte in Zeitschriften einige seiner berühmtesten Gedichte wie z. B. *Erlkönig* oder *Wandrers Nachtlied*. Nebengebiete waren Goethes Interesse für Naturwissenschaft und seine Sammelleidenschaft. Dies führte Jahre später zu einigen naturwissenschaftlichen Forschungen und Publikationen.

In die ersten Weimarer Jahre fiel auch die wohl platonische Bekanntschaft mit der sieben Jahre älteren, verheirateten und kinderreichen Hofdame Charlotte von Stein (1742–1827).

Enttäuscht von seiner vermutlich geringen Wirkungskraft im beruflichen Bereich und frustriert von der Vernachlässigung seiner schriftstellerischen Arbeit, verließ Goethe Weimar 1786 und brach zu einer Italienreise auf, von der er erst zwei Jahre später zurückkehrte. Die Reise, später als *Italienische Reise* (1813–1817) literarisch verarbeitet, war vielleicht *das* künstlerische Schlüsselerlebnis in Goethes Leben: In Italien beschäftigte er sich mit wichtigen Werken der Antike und Renaissance und mit der Kunsttheorie des damals einflussreichen Johann Joachim Winckelmann (1717–1768). Hier genoss der von ministerialen Geschäften befreite Autor aber auch das Leben in vollen Zügen: Er reiste viel, er malte und zeichnete, er vollendete die Dramen *Iphigenie auf Tauris* (1788) und *Egmont* (1787) und er erlebte wohl nicht nur platonische Abenteuer mit Frauen.

Zurückgekehrt aus Italien, übernahm Goethe in Weimar nun »lediglich« die Aufsicht über die wissenschaftliche Forschung im Herzogtum und kümmerte sich als Theaterdirektor um Inszenierungen in Weimar. Er lebte mit der 23-jährigen Christiane Vulpius (1765–1816) zuerst im Gartenhaus und dann auch in seinem großen Haus am Frauenplan. Die uneheliche Beziehung zu der gesellschaftlich niedriger stehenden (Arbeiterin) Christiane Vulpius wurde in der noch geltenden Ständeordnung nicht akzeptiert, sodass die Lebensgefährtin bei offiziellen Empfängen in Goethes Haus oder in der Weimarer Gesellschaft nicht gemeinsam mit ihm auftreten durfte. Erst 1806 machte Goethe seine Liebesbeziehung, aus der der Sohn August hervorging, durch eine Heirat offiziell, vor allem, um seine Frau finanziell abzusichern. Doch starb Christiane Vulpius 1816, also 16 Jahre vor Goethe.

Die andere große, prägende Beziehung dieser Jahre war die 1795 entstandene Freundschaft mit Friedrich Schiller, dem zweiten großen zeitgenössischen Schriftsteller. Der finanziell schwache und gesundheitlich stark angeschlagene Schiller hatte den bedeutenden Literaten Goethe 1794 aufgefordert, bei seiner eben gegründeten Literaturzeitschrift *Die Horen* mitzuarbeiten. Aus der Zusammenarbeit entstand ein reger intellektueller Austausch in Briefen und literarischen Texten. Dieser wurde dadurch befördert, dass beide Autoren den gewalttätigen Ausschreitungen der Französischen Revolution kritisch gegenüberstanden (Goethe von Anfang an, Schiller erst angesichts der Schreckensherrschaft der Jakobiner) und eine ähnliche, von Antike und Renaissance beeinflusste Kunstauffassung vertraten. Goethe holte Schiller 1799 sogar vom nahen Jena nach Weimar.

Der heute als »Weimarer Klassik« bekannten Epoche entsprangen so berühmte Werke wie Goethes *Römische Elegien* (1795), die gemeinsam publizierten *Xenien* (1796), Goethes Ballade *Der Zauberlehrling* und Schillers Balladen *Die Kraniche des Ibykus* und *Der Handschuh*. Daneben verfassten beide Autoren umfangreichere Werke: *Wilhelm Meisters Lehrjahre* (Goethe), *Wilhelm Tell, Maria Stuart* und *Wallenstein* (Schiller).

Schillers Tod 1805 war, nach der Italienreise, die zweite große Zäsur in Goethes Leben. Goethe war – wie allgemein bei jenen Menschen, die ihm besonders nahestanden – nicht in der Lage, an Schillers Beerdigung teilzunehmen. In den folgenden späten Jahren seines Lebens vollendete Goethe sein berühmtestes Dramenwerk, *Faust I* (1808) und *Faust II* (1832), und verfasste seine Memoiren *Dichtung und Wahrheit* (1811–1833), entwickelte aber auch ganz neue literarische Werke wie den Roman *Die Wahlverwandtschaften* (1809) oder den von der orientalischen Literatur beeinflussten Gedichtzyklus *West-Östlicher Divan* (1827). Goethe starb 1832, vermutlich an einem Herzinfarkt.

Das vielleicht Beeindruckendste an Goethes schriftstellerischer Tätigkeit ist, dass sie in allen literarischen Gattungen Meisterwerke hervorbrachte und der Autor sich immer wieder auf neue künstlerische Impulse und Ideen einließ. Dies hinderte ihn allerdings nicht daran, anderen Ideen oder Schriftstellern wie den Romantikern sehr kritisch zu begegnen oder gar heute anerkannte und verehrte Schriftsteller wie Heinrich von Kleist (1777–1811) und Friedrich Hölderlin (1770–1843) zu missachten und durch seinen Einfluss ihren Erfolg in der literarischen Öffentlichkeit zu verhindern.

So kann sich heute jede Leserin und jeder Leser das eigene Goethe-Bild aus den vielen Mosaiksteinen zusammensetzen und entscheiden, was in den Mittelpunkt gerückt wird: der junge Stürmer und Dränger, der hohe Ministerialbeamte, der Naturforscher, der Klassiker, der Ehemann, Geliebte oder platonische Gefährte, der Schiller-Freund, der egoistische Starautor usw.

Literatur

Boerner, Peter: Johann Wolfgang von Goethe (Reihe Rowohlt Monographie). Reinbek: Rowohlt Taschenbuch Verlag 2004.

Borchmeyer, Dieter: Goethe (Reihe DuMont Schnellkurs). Köln: DuMont Literatur und Kunst Verlag 2005.

Conrady, Karl Otto: Goethe. Leben und Werk. München/Zürich: Artemis und Winkler 1994.

Matussek, Peter: Goethe zur Einführung. Hamburg: Junius, 2., verbesserte Aufl. 2002.

Safranski, Rüdiger: Goethe. Kunstwerk des Lebens. Biographie. München: Carl Hanser Verlag, 11. Aufl. 2013.

Schlaffer, Hannelore: »Johann Wolfgang Goethe«. In: Metzler Autorenlexikon, hg. v. Bernd Lutz. Stuttgart: J. B. Metzler, 2. Aufl. 1997, S. 254–261.

Wilpert, Gero von: Die 101 wichtigsten Fragen: Goethe. München: C. H. Beck 2007.

Johann Wolfgang Goethe

Die Leiden des jungen Werthers

ERSTER TEIL

Was ich von der Geschichte des armen Werthers nur habe
auffinden können, habe ich mit Fleiß gesammlet und leg es
euch hier vor und weiß, dass ihr mir's danken werdet. Ihr
5 könnt seinem Geist und seinem Charakter eure Bewunde-
rung und Liebe und seinem Schicksale eure Tränen nicht
versagen.

Und du gute Seele, die du ebenden Drang fühlst wie er,
schöpfe Trost aus seinem Leiden und lass das Büchlein
10 deinen Freund sein, wenn du aus Geschick oder eigner
Schuld keinen nähern finden kannst.

Am 4. Mai 1771

Wie froh bin ich, dass ich weg bin! Bester Freund, was ist
das Herz des Menschen! Dich zu verlassen, den ich so lie-
15 be, von dem ich unzertrennlich war, und froh zu sein! Ich
weiß, du verzeihst mir's. Waren nicht meine übrigen Ver-
bindungen recht ausgesucht vom Schicksal, um ein Herz
wie das meine zu ängstigen? Die arme Leonore! Und doch
war ich unschuldig! Konnt ich dafür, dass, während die ei-
20 gensinnigen Reize ihrer Schwester mir einen angenehmen
Unterhalt verschafften, dass eine Leidenschaft in dem armen Herzen sich bildete! Und doch – bin ich ganz unschuldig? Hab ich nicht ihre Empfindungen genährt? Hab ich
mich nicht an den ganz wahren Ausdrücken der Natur, die
25 uns so oft zu lachen machten, so wenig lächerlich sie waren, selbst ergötzt! Hab ich nicht – O was ist der Mensch,
dass er über sich klagen darf! – Ich will, lieber Freund, ich
verspreche dir's, ich will mich bessern, will nicht mehr das
bisschen Übel, das das Schicksal uns vorlegt, wiederkäuen,
30 wie ich's immer getan habe. Ich will das Gegenwärtige genießen und das Vergangene soll mir vergangen sein. Gewiss, du hast Recht, Bester: Der Schmerzen wären minder
unter den Menschen, wenn sie nicht – Gott weiß, warum
sie so gemacht sind – mit so viel Emsigkeit der Einbil-

sich an etwas
ergötzen:
an etwas Freude
haben

dungskraft sich beschäftigten, die Erinnerungen des vergangenen Übels zurückzurufen, ehe denn eine gleichgültige Gegenwart zu tragen.

Du bist so gut, meiner Mutter zu sagen, dass ich ihr Geschäfte bestens betreiben und ihr ehestens Nachricht davon geben werde. Ich habe meine Tante gesprochen und habe bei weiten das böse Weib nicht gefunden, das man bei uns aus ihr macht, sie ist eine muntere, heftige Frau von dem besten Herzen. Ich erklärte ihr meiner Mutter Beschwerden über den zurückgehaltenen Erbschaftsanteil. Sie sagte mir ihre Gründe, Ursachen und die Bedingungen, unter welchen sie bereit wäre, alles herauszugeben, und mehr als wir verlangten – Kurz, ich mag jetzo nichts davon schreiben, sag meiner Mutter, es werde alles gut gehen. Und ich habe, mein Lieber!, wieder bei diesem kleinen Geschäfte gefunden: dass Missverständnisse und Trägheit vielleicht mehr Irrungen in der Welt machen, als List und Bosheit nicht tun. Wenigstens sind die beiden Letztern gewiss seltner.

Übrigens find ich mich hier gar wohl. Die Einsamkeit ist meinem Herzen köstlicher Balsam in dieser paradiesischen Gegend und diese Jahreszeit der Jugend wärmt mit aller Fülle mein oft schauderndes Herz. Jeder Baum, jede Hecke ist ein Strauß von Blüten und man möchte zum Maienkäfer werden, um in dem Meer von Wohlgerüchen herumschweben und alle seine Nahrung darinne finden zu können.

Die Stadt ist selbst unangenehm, dagegen ringsumher eine unaussprechliche Schönheit der Natur. Das bewog den verstorbenen Grafen von M... einen Garten auf einem der Hügel anzulegen, die mit der schönsten Mannigfaltigkeit der Natur sich kreuzen und die lieblichsten Täler bilden. Der Garten ist einfach und man fühlt gleich bei dem Eintritte, dass nicht ein wissenschaftlicher Gärtner, sondern ein fühlendes Herz den Plan bezeichnet, das sein Selbst hier genießen wollte. Schon manche Träne hab ich dem Abge-

schaudernd: hier positiv empfundenes Gefühl des Fröstelns bzw. Bebens

schiedenen in dem verfallnen Kabinettchen geweint, das
sein Lieblingsplätzchen war und auch meins ist. Bald werde ich Herr vom Garten sein, der Gärtner ist mir zugetan,
nur seit den paar Tagen, und er wird sich nicht übel davon
5 befinden.

Kabinettchen: *hier* Garten- häuschen

Am 10. Mai

Eine wunderbare Heiterkeit hat meine ganze Seele einge-
nommen, gleich den süßen Frühlingsmorgen, die ich mit
ganzem Herzen genieße. Ich bin so allein und freue mich
10 so meines Lebens in dieser Gegend, die für solche Seelen
geschaffen ist wie die meine. Ich bin so glücklich, mein
Bester, so ganz in dem Gefühl von ruhigem Dasein versunken, dass meine Kunst darunter leidet. Ich könnte jetzo
nicht zeichnen, nicht einen Strich, und bin niemalen ein
15 größerer Maler gewesen als in diesen Augenblicken. Wenn
das liebe Tal um mich dampft und die hohe Sonne an der
Oberfläche der undurchdringlichen Finsternis meines
Waldes ruht und nur einzelne Strahlen sich in das innere
Heiligtum stehlen und ich dann im hohen Grase am fallen-
20 den Bache liege und näher an der Erde tausend mannigfaltige Gräschen mir merkwürdig werden. Wenn ich das
Wimmeln der kleinen Welt zwischen Halmen, die unzähligen, unergründlichen Gestalten all der Würmchen, der
Mückchen näher an meinem Herzen fühle und fühle die
25 Gegenwart des Allmächtigen, der uns all nach seinem Bilde schuf, das Wehen des Allliebenden, der uns in ewiger
Wonne schwebend trägt und erhält. Mein Freund, wenn's
denn um meine Augen dämmert und die Welt um mich
her und Himmel ganz in meiner Seele ruht wie die Gestalt
30 einer Geliebten; dann sehn ich mich oft und denke: Ach
könntest du das wieder ausdrücken, könntest du dem Papier das einhauchen, was so voll, so warm in dir lebt, dass
es würde der Spiegel deiner Seele, wie deine Seele ist der
Spiegel des unendlichen Gottes. Mein Freund – Aber ich

gehe darüber zugrunde, ich erliege unter der Gewalt der Herrlichkeit dieser Erscheinungen.

Am 12. Mai

Ich weiß nicht, ob so täuschende Geister um diese Gegend schweben oder ob die warme, himmlische Fantasie in meinem Herzen ist, die mir alles ringsumher so paradiesisch macht. Da ist gleich vor dem Orte ein Brunn', ein Brunn', an den ich gebannt bin wie Melusine mit ihren Schwestern. Du gehst einen kleinen Hügel hinunter und findest dich vor einem Gewölbe, da wohl zwanzig Stufen hinabgehen, wo unten das klarste Wasser aus Marmorfelsen quillt. Das Mäuerchen, das oben umher die Einfassung macht, die hohen Bäume, die den Platz ringsumher bedecken, die Kühle des Orts, das hat alles so was Anzügliches, was Schauerliches. Es vergeht kein Tag, dass ich nicht eine Stunde da sitze. Da kommen denn die Mädchen aus der Stadt und holen Wasser, das harmloseste Geschäft und das nötigste, das ehmals die Töchter der Könige selbst verrichteten. Wenn ich da sitze, so lebt die patriarchalische Idee so lebhaft um mich, wie sie alle, die Altväter, am Brunnen Bekanntschaft machen und freien und wie um die Brunnen und Quellen wohltätige Geister schweben. O der muss nie nach einer schweren Sommertagswanderung sich an des Brunnens Kühle gelabt haben, der das nicht mitempfinden kann.

Am 13. Mai

Du fragst, ob du mir meine Bücher schicken sollst? Lieber, ich bitte dich um Gottes willen, lass mir sie vom Hals. Ich will nicht mehr geleitet, ermuntert, angefeuert sein, braust dieses Herz doch genug aus sich selbst, ich brauche Wiegengesang und den hab ich in seiner Fülle gefunden in meinem Homer. Wie oft lull ich mein empörendes Blut zur Ruhe, denn so ungleich, so unstet hast du nichts gesehn als dieses Herz. Lieber! Brauch ich dir das zu sagen, der du so

Melusine:
franz. Sagenfigur,
Meernixe

patriarchalisch:
väterlich
beherrscht

Altväter:
biblische
Patriarchen, z. B.
Abraham

Homer (ca. 770–
700 v. Chr.):
griech. Autor der
Werke *Odyssee*
und *Ilias*

oft die Last getragen hast, mich vom Kummer zur Ausschweifung und von süßer Melancholie zur verderblichen Leidenschaft übergehn zu sehn. Auch halt ich mein Herzchen wie ein krankes Kind, all sein Wille wird ihm gestat-
5 tet. Sag das nicht weiter, es gibt Leute, die mir's verübeln würden.

Am 15. Mai

Die geringen Leute des Orts kennen mich schon und lieben mich, besonders die Kinder. Eine traurige Bemerkung
10 hab ich gemacht. Wie ich im Anfange mich zu ihnen gesellte, sie freundschaftlich fragte über dies und das, glaubten einige, ich wollte ihrer spotten, und fertigten mich wohl gar grob ab. Ich ließ mich das nicht verdrießen, nur fühlt' ich, was ich schon oft bemerkt habe, auf das Lebhafteste.
15 Leute von einigem Stande werden sich immer in kalter Entfernung vom gemeinen Volke halten, als glaubten sie durch Annäherung zu verlieren, und dann gibt's Flüchtlinge und üble Spaßvögel, die sich herabzulassen scheinen, um ihren Übermut dem armen Volke desto empfindlicher
20 zu machen.
Ich weiß wohl, dass wir nicht gleich sind noch sein können. Aber ich halte dafür, dass der, der glaubt nötig zu haben, vom so genannten Pöbel sich zu entfernen, um den Respekt zu erhalten, ebenso tadelhaft ist als ein Feiger, der
25 sich vor seinem Feinde verbirgt, weil er zu unterliegen fürchtet.
Letzthin kam ich zum Brunnen und fand ein junges Dienstmädchen, das ihr Gefäß auf die unterste Treppe gesetzt hatte und sich umsah, ob keine Kamerädin kommen
30 wollte, ihr's auf den Kopf zu helfen. Ich stieg hinunter und sah sie an. »Soll ich Ihr helfen, Jungfer?«, sagt ich. Sie ward rot über und über. »O nein, Herr!«, sagte sie. »Ohne Umstände!« Sie legte ihren Kringen zurechte und ich half ihr. Sie dankte und stieg hinauf.

gering:
einfach

gemein:
gewöhnlich,
einfach

der Kring:
ringförmiges
Polster für Lasten

Ich hab allerlei Bekanntschaft gemacht, Gesellschaft hab
ich noch keine gefunden. Ich weiß nicht, was ich Anzügliches für die Menschen haben muss, es mögen mich ihrer
so viele und hängen sich an mich und da tut mir's immer ₅
weh, wenn unser Weg nur so eine kleine Strecke miteinander geht. Wenn du fragst, wie die Leute hier sind, muss ich
dir sagen: wie überall! Es ist ein einförmig Ding ums Menschengeschlecht. Die meisten verarbeiten den größten Teil
der Zeit, um zu leben, und das bisschen, das ihnen von ₁₀
Freiheit übrig bleibt, ängstigt sie so, dass sie alle Mittel auf-
suchen, um's loszuwerden. O Bestimmung des Menschen!
Aber eine rechte gute Art Volks! Wann ich mich manchmal
vergesse, manchmal mit ihnen die Freuden genieße, die so
den Menschen noch gewährt sind, an einem artig besetz- ₁₅
ten Tisch mit aller Offen- und Treuherzigkeit sich herum-
zuspaßen, eine Spazierfahrt, einen Tanz zur rechten Zeit
anzuordnen und dergleichen, das tut eine ganz gute Würkung auf mich, nur muss mir nicht einfallen, dass noch so
viele andere Kräfte in mir ruhen, die alle ungenutzt vermo- ₂₀
dern und die ich sorgfältig verbergen muss. Ach, das engt
all das Herz so ein – Und doch! Missverstanden zu werden,
ist das Schicksal von unsereinem.

Ach, dass die Freundin meiner Jugend dahin ist, ach, dass
ich sie je gekannt habe! Ich würde zu mir sagen: Du bist ein ₂₅
Tor! Du suchst, was hienieden nicht zu finden ist. Aber ich
hab sie gehabt, ich habe das Herz gefühlt, die große Seele,
in deren Gegenwart ich mir schien mehr zu sein, als ich
war, weil ich alles war, was ich sein konnte. Guter Gott,
blieb da eine einzige Kraft meiner Seele ungenutzt, konnt ₃₀
ich nicht vor ihr all das wunderbare Gefühl entwickeln, mit
dem mein Herz die Natur umfasst, war unser Umgang
nicht ein ewiges Weben von feinster Empfindung, schärfs-
tem Witze, dessen Modifikationen bis zur Unart alle mit
dem Stempel des Genies bezeichnet waren? Und nun – ₃₅
Ach, ihre Jahre, die sie voraushatte, führten sie früher ans

artig:
hübsch, nett

Witz:
hier Verstand

Grab als mich. Nie werd ich ihrer vergessen, nie ihren festen Sinn und ihre göttliche Duldung.

Vor wenig Tagen traf ich einen jungen V… an, ein offner Junge mit einer gar glücklichen Gesichtsbildung. Er kommt
5 erst von Akademien, dünkt sich nicht eben weise, aber glaubt doch, er wüsste mehr als andere. Auch war er fleißig, wie ich an allerlei spüre, kurz, er hat hübsche Kenntnisse. Da er hörte, dass ich viel zeichnete und Griechisch konnte, zwei Meteore hierzuland, wandt' er sich an mich
10 und kramte viel Wissens aus, von Batteux bis zu Wood, von de Piles zu Winckelmann, und versicherte mich, er habe Sulzers Theorie, den ersten Teil, ganz durchgelesen und besitze ein Manuskript von Heynen über das Studium der Antike. Ich ließ das gut sein.

15 Noch gar einen braven Kerl hab ich kennen lernen, den fürstlichen Amtmann. Einen offenen, treuherzigen Menschen. Man sagt, es soll eine Seelenfreude sein, ihn unter seinen Kindern zu sehen, deren er neune hat. Besonders macht man viel Wesens von seiner ältesten Tochter. Er hat
20 mich zu sich gebeten und ich will ihn ehster Tage besuchen, er wohnt auf einem fürstlichen Jagdhofe, anderthalb Stunden von hier, wohin er nach dem Tode seiner Frau zu ziehen die Erlaubnis erhielt, da ihm der Aufenthalt hier in der Stadt und dem Amthause zu weh tat.

25 Sonst sind einige verzerrte Originale mir in Weg gelaufen, an denen alles unausstehlich ist, am unerträglichsten ihre Freundschaftsbezeugungen.

Leb wohl! Der Brief wird dir recht sein, er ist ganz historisch.

30   Am 22. Mai

Dass das Leben des Menschen nur ein Traum sei, ist manchem schon so vorgekommen und auch mit mir zieht dieses Gefühl immer herum. Wenn ich die Einschränkung so ansehe, in welche die tätigen und forschenden Kräfte des
35 Menschen eingesperrt sind, wenn ich sehe, wie alle Würk-

zwei Meteore:
hier Seltenheit

Batteux …
Heyne:
Kunsttheoretiker
des 17./18. Jahrhunderts

historisch:
hier sachlich
berichtend

samkeit da hinausläuft, sich die Befriedigung von Bedürf-
nissen zu verschaffen, die wieder keinen Zweck haben, als
unsere arme Existenz zu verlängern, und dann, dass alle
Beruhigung über gewisse Punkte des Nachforschens nur
eine träumende Resignation ist, da man sich die Wände, 5
zwischen denen man gefangen sitzt, mit bunten Gestalten
und lichten Aussichten bemalt. Das alles, Wilhelm, macht
mich stumm. Ich kehre in mich selbst zurück und finde eine Welt! Wieder mehr in Ahndung und dunkler Begier als
in Darstellung und lebendiger Kraft. Und da schwimmt al- 10
les vor meinen Sinnen und ich lächle dann so träumend
weiter in die Welt.

Dass die Kinder nicht wissen, warum sie wollen, darin sind
alle hochgelahrte Schul- und Hofmeister einig. Dass aber
auch Erwachsene gleich Kindern auf diesem Erdboden he- 15
rumtaumeln, gleich wie jene nicht wissen, woher sie kommen und wohin sie gehen, ebenso wenig nach wahren
Zwecken handeln, ebenso durch Biskuit und Kuchen und
Birkenreiser regiert werden, das will niemand gern glauben
und mich dünkt, man kann's mit Händen greifen. 20
Ich gestehe dir gern, denn ich weiß, was du mir hierauf sagen möchtest, dass diejenigen die Glücklichsten sind, die
gleich den Kindern in Tag hineinleben, ihre Puppe herum-
schleppen, aus- und anziehen und mit großem Respekte
um die Schublade herumschleichen, wo Mama das Zu- 25
ckerbrot hineinverschlossen hat, und wenn sie das Gewünschte endlich erhaschen, es mit vollen Backen verzehren und rufen: »Mehr!« Das sind glückliche Geschöpfe!
Auch denen ist's wohl, die ihren Lumpenbeschäftigungen
oder wohl gar ihren Leidenschaften prächtige Titel geben 30
und sie dem Menschengeschlechte als Riesenoperationen
zu dessen Heil und Wohlfahrt anschreiben. Wohl dem, der
so sein kann! Wer aber in seiner Demut erkennt, wo das alles hinausläuft, der so sieht, wie artig jeder Bürger, dem's
wohl ist, sein Gärtchen zum Paradiese zuzustutzen weiß 35
und wie unverdrossen dann doch auch der Unglückliche

hochgelahrt:
hochgebildet

durch Biskuit
[…]:
Abwandlung der
Redewendung
»mit Zuckerbrot
und Peitsche«

unter der Bürde seinen Weg fortkeicht und alle gleich inte- fortkeicht:
ressiert sind, das Licht dieser Sonne noch eine Minute län- fortkeucht
ger zu sehn, ja!, der ist still und bildet auch seine Welt aus
sich selbst und ist auch glücklich, weil er ein Mensch ist.
5 Und dann, so eingeschränkt er ist, hält er doch immer im
Herzen das süße Gefühl von Freiheit und dass er diesen
Kerker verlassen kann, wann er will.

Am 26. Mai

Du kennst von alters her meine Art mich anzubauen, ir- anbauen:
10 gend mir an einem vertraulichen Orte ein Hüttchen aufzu- sesshaft werden
schlagen und da mit aller Einschränkung zu herbergen. Ich
hab auch hier wieder ein Plätzchen angetroffen, das mich
angezogen hat.

Ohngefähr eine Stunde von der Stadt liegt ein Ort, den sie
15 Wahlheim* nennen. Die Lage an einem Hügel ist sehr interessant und wenn man oben auf dem Fußpfade zum Dorfe
herausgeht, übersieht man mit *einem* das ganze Tal. Eine
gute Wirtin, die gefällig und munter in ihrem Alter ist,
schenkt Wein, Bier, Kaffee, und was über alles geht, sind
20 zwei Linden, die mit ihren ausgebreiteten Ästen den kleinen Platz vor der Kirche bedecken, der ringsum mit Bauer-
häusern, Scheuern und Höfen eingeschlossen ist. So vertraulich, so heimlich hab ich nicht leicht ein Plätzchen
gefunden und dahin lass ich mein Tischchen aus dem
25 Wirtshause bringen und meinen Stuhl und trinke meinen
Kaffee da und lese meinen Homer. Das erste Mal, als ich
durch einen Zufall an einem schönen Nachmittage unter
die Linden kam, fand ich das Plätzchen so einsam. Es war
alles im Felde. Nur ein Knabe von ohngefähr vier Jahren
30 saß an der Erde und hielt ein andres, etwa halbjähriges, vor
ihm zwischen seinen Füßen sitzendes Kind mit beiden

---

* *Der Leser wird sich keine Mühe geben, die hier genannten Orte zu suchen;
man hat sich genötigt gesehen, die im Originale befindlichen wahren Namen
zu verändern.*

Armen wider seine Brust, sodass er ihm zu einer Art von Sessel diente und ohngeachtet der Munterkeit, womit er aus seinen schwarzen Augen herumschaute, ganz ruhig saß. Mich vergnügte der Anblick und ich setzte mich auf einen Pflug, der gegenüber stund, und zeichnete die brü- 5 derliche Stellung mit vielem Ergötzen, ich fügte den nächsten Zaun, ein Tennentor und einige gebrochne Wagenräder bei, wie es all hintereinander stund, und fand nach Verlauf einer Stunde, dass ich eine wohlgeordnete, sehr interessante Zeichnung verfertigt hatte, ohne das Mindeste 10 von dem Meinen hinzuzutun. Das bestärkte mich in meinem Vorsatze, mich künftig allein an die Natur zu halten. Sie allein ist unendlich reich und sie allein bildet den großen Künstler. Man kann zum Vorteile der Regeln viel sagen, ohngefähr was man zum Lobe der bürgerlichen Ge- 15 sellschaft sagen kann. Ein Mensch, der sich nach ihnen bildet, wird nie etwas Abgeschmacktes und Schlechtes hervorbringen, wie einer, der sich durch Gesetze und Wohlstand modeln lässt, nie ein unerträglicher Nachbar, nie ein merkwürdiger Bösewicht werden kann; dagegen 20 wird aber auch alle Regel, man rede, was man wolle, das wahre Gefühl von Natur und den wahren Ausdruck derselben zerstören! Sagst du, das ist zu hart! Sie schränkt nur ein, beschneidet die geilen Reben etc. Guter Freund, soll ich dir ein Gleichnis geben: Es ist damit wie mit der Liebe, 25 ein junges Herz hängt ganz an einem Mädchen, bringt alle Stunden seines Tags bei ihr zu, verschwendet all seine Kräfte, all sein Vermögen, um ihr jeden Augenblick auszudrücken, dass er sich ganz ihr hingibt. Und da käme ein Philister, ein Mann, der in einem öffentlichen Amte steht, 30 und sagte zu ihm: »Feiner junger Herr, Lieben ist menschlich, nur müsst Ihr menschlich lieben! Teilet Eure Stunden ein, die einen zur Arbeit und die Erholungsstunden widmet Eurem Mädchen, berechnet Euer Vermögen und was Euch von Eurer Notdurft übrig bleibt, davon verwehr ich 35 Euch nicht, ihr ein Geschenk, nur nicht zu oft, zu machen.

Tennentor:
Scheunentor

geil:
hier üppig

Philister:
Spießbürger,
kleinlicher
Mensch

Etwa zu ihrem Geburts- und Namenstage etc.« – Folgt der Mensch, so gibt's einen brauchbaren jungen Menschen und ich will selbst jedem Fürsten raten ihn in ein Kollegium zu setzen, nur mit seiner Liebe ist's am Ende und, wenn er ein Künstler ist, mit seiner Kunst. O meine Freunde!, warum der Strom des Genies so selten ausbricht, so selten in hohen Fluten hereinbraust und eure staunende Seele erschüttert. Liebe Freunde, da wohnen die gelassnen Kerls auf beiden Seiten des Ufers, denen ihre Gartenhäuschen, Tulpenbeete und Krautfelder zugrunde gehen würden und die daher in Zeiten mit Dämmen und Ableiten der künftig drohenden Gefahr abzuwehren wissen.

in Zeiten: *hier* rechtzeitig

Am 27. Mai

Ich bin, wie ich sehe, in Verzückung, Gleichnisse und Deklamation verfallen und habe drüber vergessen dir auszuerzählen, was mit den Kindern weiter geworden ist. Ich saß ganz in malerische Empfindungen vertieft, die dir mein gestriges Blatt sehr zerstückt darlegt, auf meinem Pfluge wohl zwei Stunden. Da kommt gegen Abend eine junge Frau auf die Kinder los, die sich die Zeit nicht gerührt hatten, mit einem Körbchen am Arme, und ruft von weitem: »Philips, du bist recht brav.« Sie grüßte mich, ich dankte ihr, stand auf, trat näher hin und fragte sie, ob sie Mutter zu den Kindern wäre. Sie bejahte es und indem sie dem Ältesten einen halben Weck gab, nahm sie das Kleine auf und küsste es mit aller mütterlichen Liebe. »Ich habe«, sagte sie, »meinem Philips das Kleine zu halten gegeben und bin in die Stadt gegangen mit meinem Ältesten, um weiß Brot zu holen und Zucker und ein irden Breipfännchen.« Ich sah das alles in dem Korbe, dessen Deckel abgefallen war. »Ich will meinem Hans« (das war der Name des Jüngsten) »ein Süppchen kochen zum Abende; der lose Vogel, der Große, hat mir gestern das Pfännchen zerbrochen, als er sich mit Philipsen um die Scharre des Breis zankte.« Ich fragte nach dem Ältesten und sie hatte mir kaum

Deklamation: übertrieben pathetische Sprechweise

Weck: Brötchen

irden: aus Ton hergestellt

Scharre: Rest

gesagt, dass er auf der Wiese sich mit ein paar Gänsen her- umjagte, als er hergesprungen kam und dem Zweiten eine Haselgerte mitbrachte. Ich unterhielt mich weiter mit dem Weibe und erfuhr, dass sie des Schulmeisters Tochter sei und dass ihr Mann eine Reise in die Schweiz gemacht ha- be, um die Erbschaft eines Vettern zu holen. »Sie haben ihn drum betrügen wollen«, sagte sie, »und ihm auf seine Brie- fe nicht geantwortet, da ist er selbst hineingegangen. Wenn ihm nur kein Unglück passiert ist, ich höre nichts von ihm.« Es ward mir schwer, mich von dem Weibe loszuma- chen, gab jedem der Kinder einen Kreuzer und auch fürs Jüngste gab ich ihr einen, ihm einen Weck mitzubringen zur Suppe, wenn sie in die Stadt ging, und so schieden wir voneinander.

Ich sage dir, mein Schatz, wenn meine Sinne gar nicht mehr halten wollen, so lindert's all den Tumult der Anblick eines solchen Geschöpfs, das in der glücklichen Gelassen- heit so den engen Kreis seines Daseins ausgeht, von einem Tag zum andern sich durchhilft, die Blätter abfallen sieht und nichts dabei denkt, als dass der Winter kömmt.

Seit der Zeit bin ich oft drauß, die Kinder sind ganz an mich gewöhnt. Sie kriegen Zucker, wenn ich Kaffee trinke, und teilen das Butterbrot und die saure Milch mit mir des Abends. Sonntags fehlt ihnen der Kreuzer nie, und wenn ich nicht nach der Betstunde da bin, so hat die Wirtin Ord- re, ihn auszubezahlen.

Sie sind vertraut, erzählen mir allerhand und besonders er- götz ich mich an ihren Leidenschaften und simplen Aus- brüchen des Begehrens, wenn mehr Kinder aus dem Dorfe sich versammeln.

Viel Mühe hat mich's gekostet, der Mutter ihre Besorgnis zu benehmen: »Sie möchten den Herrn inkommodieren.«

Am 16. Juni

Warum ich dir nicht schreibe? Fragst du das und bist doch auch der Gelehrten einer. Du solltest raten, dass ich mich

Haselgerte:
Rute aus Hasel-
nusszweigen

Kreuzer:
Münze

mein Schatz:
typische zeitge-
nössische Anrede
in Briefen

Ordre:
Anweisung

jdn. inkommo-
dieren:
jdm. unbequem,
lästig sein

wohl befinde, und zwar – Kurz und gut, ich habe eine Bekanntschaft gemacht, die mein Herz näher angeht. Ich habe – ich weiß nicht.

Dir in der Ordnung zu erzählen, wie's zugegangen ist, dass ich eins der liebenswürdigsten Geschöpfe habe kennen lernen, wird schwer halten; ich bin vergnügt und glücklich und so kein guter Historienschreiber.

Einen Engel! Pfui!, das sagt jeder von der Seinigen! Nicht wahr? Und doch bin ich nicht imstande, dir zu sagen, wie sie vollkommen ist, warum sie vollkommen ist, genug, sie hat all meinen Sinn gefangen genommen.

So viel Einfalt bei so viel Verstand, so viel Güte bei so viel Festigkeit und die Ruhe der Seele bei dem wahren Leben und der Tätigkeit. –

Das ist alles garstiges Gewäsche, was ich da von ihr sage, leidige Abstraktionen, die nicht einen Zug ihres Selbst ausdrücken. Ein andermal – Nein, nicht ein andermal, jetzt gleich will ich dir's erzählen. Tu ich's jetzt nicht, geschäh's niemals. Denn, unter uns, seit ich angefangen habe zu schreiben, war ich schon dreimal im Begriffe, die Feder niederzulegen, mein Pferd satteln zu lassen und hinauszureiten, und doch schwur ich mir heut früh, nicht hinauszureiten – und gehe doch alle Augenblicke ans Fenster, zu sehen, wie hoch die Sonne noch steht.

Ich hab's nicht überwinden können, ich musste zu ihr hinaus. Da bin ich wieder, Wilhelm, und will mein Butterbrot zu Nacht essen und dir schreiben. Welch eine Wonne das für meine Seele ist, sie in dem Kreise der lieben, muntern Kinder, ihrer acht Geschwister, zu sehen! –

Wenn ich so fortfahre, wirst du am Ende so klug sein wie am Anfange; höre denn, ich will mich zwingen, ins Detail zu gehen.

Ich schrieb dir neulich, wie ich den Amtmann S... habe kennen lernen und wie er mich gebeten habe, ihn bald in seiner Einsiedelei oder vielmehr seinem kleinen Königreiche zu besuchen. Ich vernachlässigte das und wäre vielleicht nie hingekommen, hätte mir der Zufall nicht den Schatz entdeckt, der in der stillen Gegend verborgen liegt. Unsere jungen Leute hatten einen Ball auf dem Lande angestellt, zu dem ich mich denn auch willig finden ließ. Ich bot einem hiesigen guten, schönen, weiters unbedeuten- 5 den Mädchen die Hand und es wurde ausgemacht, dass ich eine Kutsche nehmen, mit meiner Tänzerin und ihrer Base nach dem Orte der Lustbarkeit hinausfahren und auf dem Wege Charlotten S... mitnehmen sollte. »Sie werden ein schönes Frauenzimmer kennen lernen«, sagte meine 10 Gesellschafterin, da wir durch den weiten, schön ausgehauenen Wald nach dem Jagdhause fuhren. »Nehmen Sie sich in Acht«, versetzte die Base, »dass Sie sich nicht verlieben!« – »Wieso?«, sagt' ich. »Sie ist schon vergeben«, antwortete jene, »an einen sehr braven Mann, der weggereist 15 ist, seine Sachen in Ordnung zu bringen nach seines Vaters Tod und sich um eine ansehnliche Versorgung zu bewerben.« Die Nachricht war mir ziemlich gleichgültig.

Die Sonne war noch eine Viertelstunde vom Gebürge, als wir vor dem Hoftore anfuhren; es war sehr schwüle und die 20 Frauenzimmer äußerten ihre Besorgnis wegen eines Gewitters, das sich in weißgrauen, dumpfigen Wölkchen rings am Horizonte zusammenzuziehen schien. Ich täuschte ihre Furcht mit anmaßlicher Wetterkunde, ob mir gleich selbst zu ahnden anfing, unsere Lustbarkeit werde einen 25 Stoß leiden.

Ich war ausgestiegen. Und eine Magd, die ans Tor kam, bat uns einen Augenblick zu verziehen, Mamsell Lottchen würde gleich kommen. Ich ging durch den Hof nach dem wohl gebauten Hause, und da ich die vorliegenden Trep- 30 pen hinaufgestiegen war und in die Türe trat, fiel mir das reizendste Schauspiel in die Augen, das ich jemals gesehen habe. In dem Vorsaale wimmelten sechs Kinder von eilf zu zwei Jahren um ein Mädchen von schöner mittlerer Taille, die ein simples weißes Kleid mit blassroten Schleifen an 35 Arm und Brust anhatte. Sie hielt ein schwarzes Brot und

Base:
Tante

Frauenzimmer:
hier vornehme
Frau

Gesellschafterin:
hier Tanz-
partnerin

verziehen:
warten

schnitt ihren Kleinen ringsherum jedem sein Stück nach Proportion ihres Alters und Appetites ab, gab's jedem mit solcher Freundlichkeit und jedes rufte so ungekünstelt sein »Danke!«, indem es mit den kleinen Händchen lang in die Höh gereicht hatte, eh es noch abgeschnitten war, und nun mit seinem Abendbrote vergnügt entweder wegsprang oder nach seinem stillern Charakter gelassen davon nach dem Hoftore zuging, um die Fremden und die Kutsche zu sehen, darinnen ihre Lotte wegfahren sollte. »Ich bitte um Vergebung«, sagte sie, »dass ich Sie hereinbemühe und die Frauenzimmer warten lasse. Über dem Anziehen und allerlei Bestellungen fürs Haus in meiner Abwesenheit habe ich vergessen, meinen Kindern ihr Vesperstück zu geben, und sie wollen von niemandem Brot geschnitten haben als von mir.« Ich machte ihr ein unbedeutendes Kompliment und meine ganze Seele ruhte auf der Gestalt, dem Tone, dem Betragen und hatte eben Zeit, mich von der Überraschung zu erholen, als sie in die Stube lief, ihre Handschuh und Fächer zu nehmen. Die Kleinen sahen mich in einiger Entfernung so von der Seite an und ich ging auf das Jüngste los, das ein Kind von der glücklichsten Gesichtsbildung war. Es zog sich zurück, als eben Lotte zur Türe herauskam und sagte: »Louis, gib dem Herrn Vetter eine Hand.« Das tat der Knabe sehr freimütig und ich konnte mich nicht enthalten, ihn ohngeachtet seines kleinen Rotznäschens herzlich zu küssen. »Vetter?«, sagt' ich, indem ich ihr die Hand reichte, »glauben Sie, dass ich des Glücks wert sei, mit Ihnen verwandt zu sein?« – »Oh!«, sagte sie mit einem leichtfertigen Lächeln, »unsere Vetterschaft ist sehr weitläufig und es wäre mir leid, wenn Sie der Schlimmste drunter sein sollten.« Im Gehen gab sie Sophien, der ältesten Schwester nach ihr, einem Mädchen von ohngefähr eilf Jahren, den Auftrag, wohl auf die Kleinen Acht zu haben und den Papa zu grüßen, wenn er vom Spazierritte zurückkäme. Den Kleinen sagte sie, sie sollten ihrer Schwester Sophie folgen, als wenn sie's selbst wäre, das denn auch einige ausdrücklich versprachen. Eine kleine naseweise Blondine aber, von ohngefähr sechs Jahren, sagte: »Du bist's doch nicht, Lottchen! Wir haben dich doch lieber.« Die zwei ältesten der Knaben waren hinten auf die Kutsche geklettert und auf mein Vorbitten erlaubte sie ihnen bis vor den Wald mitzufahren, wenn sie versprächen, sich nicht zu necken und sich recht festzuhalten.

Wir hatten uns kaum zurechtgesetzt, die Frauenzimmer sich bewillkommt, wechselsweis über den Anzug und vorzüglich die Hütchen ihre Anmerkungen gemacht und die Gesellschaft, die man zu finden erwartete, gehörig durchgezogen, als Lotte den Kutscher halten und ihre Brüder herabsteigen ließ, die noch einmal ihre Hand zu küssen begehrten, das denn der Älteste mit aller Zärtlichkeit, die dem Alter von funfzehn Jahren eigen sein kann, der andere mit viel Heftigkeit und Leichtsinn tat. Sie ließ die Kleinen noch einmal grüßen und wir fuhren weiter.

Die Base fragte, ob sie mit dem Buche fertig wäre, das sie ihr neulich geschickt hätte. »Nein«, sagte Lotte, »es gefällt mir nicht, Sie können's wiederhaben. Das vorige war auch nicht besser.« Ich erstaunte, als ich fragte, was es für Bücher wären, und sie mir antwortete:* – Ich fand so viel Charakter in allem, was sie sagte, ich sah mit jedem Wort neue Reize, neue Strahlen des Geistes aus ihren Gesichtszügen hervorbrechen, die sich nach und nach vergnügt zu entfalten schienen, weil sie an mir fühlte, dass ich sie verstund.

»Wie ich jünger war«, sagte sie, »liebte ich nichts so sehr als die Romane. Weiß Gott, wie wohl mir's war, mich so sonntags in ein Eckchen zu setzen und mit ganzem Herzen an dem Glücke und Unstern einer Miss Jenny teilzuneh-

Miss Jenny: Figur aus einem Moderoman des 18. Jahrhunderts

---

* *Man sieht sich genötigt, diese Stelle des Briefs zu unterdrücken, um niemandem Gelegenheit zu einiger Beschwerde zu geben. Obgleich im Grunde jedem Autor wenig an dem Urteil eines einzelnen Mädchens und eines jungen, unsteten Menschen gelegen sein kann.*

men. Ich leugne auch nicht, dass die Art noch einige Reize für mich hat. Doch da ich so selten an ein Buch komme, so müssen sie auch recht nach meinem Geschmacke sein. Und der Autor ist mir der liebste, in dem ich meine Welt wiederfinde, bei dem's zugeht wie um mich und dessen Geschichte mir doch so interessant, so herzlich wird als mein eigen häuslich Leben, das freilich kein Paradies, aber doch im Ganzen eine Quelle unsäglicher Glückseligkeit ist.«

Ich bemühte mich, meine Bewegungen über diese Worte zu verbergen. Das ging freilich nicht weit, denn da ich sie mit solcher Wahrheit im Vorbeigehn vom Landpriester von Wakefield, vom –* reden hörte, kam ich eben außer mich und sagte ihr alles, was ich wusste, und bemerkte erst nach einiger Zeit, da Lotte das Gespräch an die andern wendete, dass diese die Zeit mit offnen Augen, als säßen sie nicht da, dagesessen hatten. Die Base sah mich mehr als einmal mit einem spöttischen Näschen an, daran mir aber nichts gelegen war.

Das Gespräch fiel auf das Vergnügen am Tanze. »Wenn diese Leidenschaft ein Fehler ist«, sagte Lotte, »so gesteh ich Ihnen gern, ich weiß nichts übers Tanzen. Und wenn ich was im Kopfe habe und mir auf meinem verstimmten Klaviere einen Contretanz vortrommle, so ist alles wieder gut.«

Wie ich mich unter dem Gespräche in den schwarzen Augen weidete, wie die lebendigen Lippen und die frischen, muntern Wangen meine ganze Seele anzogen, wie ich, in den herrlichen Sinn ihrer Rede ganz versunken, oft gar die Worte nicht hörte, mit denen sie sich ausdrückte! Davon hast du eine Vorstellung, weil du mich kennst. Kurz, ich stieg aus dem Wagen wie ein Träumender, als wir vor dem Lusthause still hielten, und war so in Träumen rings in der

Landpriester von Wakefield: Roman von Oliver Goldsmith (1728–1774)

Contretanz: ein Gruppentanz

Lusthaus: hier Vergnügungshaus im Park

* Man hat auch hier die Namen einiger vaterländischer Autoren ausgelassen. Wer teil an Lottens Beifall hatte, wird es gewiss an seinem Herzen fühlen, wenn er diese Stelle lesen sollte. Und sonst braucht's ja niemand zu wissen.

dämmernden Welt verloren, dass ich auf die Musik kaum achtete, die uns von dem erleuchteten Saale herunter entgegenschallte.

Die zwei Herren Audran und ein gewisser N.N., wer behält all die Namen!, die der Base und Lottens Tänzer waren, empfingen uns am Schlage, bemächtigten sich ihrer Frauenzimmer und ich führte die meinige hinauf.

Menuett, Englischer, Deutscher: verschiedene Tänze

Wir schlangen uns in Menuetts umeinander herum, ich forderte ein Frauenzimmer nach dem andern auf und just die unleidlichsten konnten nicht dazu kommen, einem die Hand zu reichen und ein Ende zu machen. Lotte und ihr Tänzer fingen einen Englischen an, und wie wohl mir's war, als sie auch in der Reihe die Figur mit uns anfing, magst du fühlen. Tanzen muss man sie sehen. Siehst du, sie ist so mit ganzem Herzen und mit ganzer Seele dabei, ihr ganzer Körper eine Harmonie, so sorglos, so unbefangen, als wenn das eigentlich alles wäre, als wenn sie sonst nichts dächte, nichts empfände, und in dem Augenblicke gewiss schwindet alles andere vor ihr.

Ich bat sie um den zweiten Contretanz, sie sagte mir den dritten zu und mit der liebenswürdigsten Freimütigkeit von der Welt versicherte sie mich, dass sie herzlich gern deutsch tanzte. »Es ist hier so Mode«, fuhr sie fort, »dass jedes Paar, das zusammengehört, beim Deutschen zusammenbleibt, und mein Chapeau walzt schlecht und dankt mir's, wenn ich ihm die Arbeit erlasse; Ihr Frauenzimmer kann's auch nicht und mag nicht und ich habe im Englischen gesehen, dass Sie gut walzen; wenn Sie nun mein sein wollen fürs Deutsche, so gehn Sie und bitten sich's aus von meinem Herrn, ich will zu Ihrer Dame gehn.« Ich gab ihr die Hand drauf und es wurde schon arrangiert, dass ihrem Tänzer inzwischen die Unterhaltung meiner Tänzerin aufgetragen ward.

Chapeau: Tänzer

Nun ging's und wir ergötzten uns eine Weile an manchfaltigen Schlingungen der Arme. Mit welchem Reize, mit welcher Flüchtigkeit bewegte sie sich! Und da wir nun gar ans

Walzen kamen und wie die Sphären umeinander herum-
rollten, ging's freilich anfangs, weil's die wenigsten können,
ein bisschen bunt durcheinander. Wir waren klug und ließen sie austoben und wie die Ungeschicktesten den Plan

Plan: Tanzfläche

5 geräumt hatten, fielen wir ein und hielten mit noch einem
Paare, mit Audran und seiner Tänzerin, wacker aus. Nie ist
mir's so leicht vom Flecke gegangen. Ich war kein Mensch
mehr. Das liebenswürdigste Geschöpf in den Armen zu haben und mit ihr herumzufliegen wie Wetter, dass alles

Wetter: *hier* Blitze

10 ringsumher verging, und – Wilhelm, um ehrlich zu sein, tat
ich aber doch den Schwur, dass ein Mädchen, das ich liebte, auf das ich Ansprüche hätte, mir nie mit einem andern
walzen sollte als mit mir und wenn ich drüber zugrunde
gehen müsste, du verstehst mich.
15 Wir machten einige Touren gehend im Saale, um zu ver-
schnaufen. Dann setzte sie sich und die Zitronen, die ich
weggestohlen hatte beim Punschmachen, die nun die einzigen noch übrigen waren und die ich ihr in Schnittchen
mit Zucker zur Erfrischung brachte, taten fürtreffliche
20 Würkung, nur dass mir mit jedem Schnittchen, das ihre
Nachbarin aus der Tasse nahm, ein Stich durchs Herz ging,
der ich's nun freilich schandenhalber mit präsentieren
musste.
Beim dritten Englischen waren wir das zweite Paar. Wie
25 wir die Reihe so durchtanzten und ich, weiß Gott mit wie
viel Wonne, an ihrem Arme und Auge hing, das voll vom
wahrsten Ausdrucke des offensten, reinsten Vergnügens
war, kommen wir an eine Frau, die mir wegen ihrer liebenswürdigen Miene auf einem nicht mehr ganz jungen Ge-
30 sichte merkwürdig gewesen war. Sie sieht Lotten lächelnd
an, hebt einen drohenden Finger auf und nennt den Namen Albert zweimal im Vorbeifliegen mit viel Bedeutung.
»Wer ist Albert?«, sagte ich zu Lotten, »wenn's nicht Vermessenheit ist zu fragen.« Sie war im Begriffe zu antwor-
35 ten, als wir uns scheiden mussten, die große Achte zu machen, und mich dünkte einiges Nachdenken auf ihrer

Stirne zu sehen, als wir so voreinander vorbeikreuzten. »Was soll ich's Ihnen leugnen«, sagte sie, indem sie mir die Hand zur Promenade bot. »Albert ist ein braver Mensch, dem ich so gut als verlobt bin!« Nun war mir das nichts Neues, denn die Mädchen hatten mir's auf dem Wege ge- 5 sagt, und war mir doch so ganz neu, weil ich das noch nicht im Verhältnisse auf sie, die mir in so wenig Augenblicken so wert geworden war, gedacht hatte. Genug, ich verwirrte mich, vergaß mich und kam zwischen das unrechte Paar hinein, dass alles drunter und drüber ging und Lot- 10 tens ganze Gegenwart und Zerren und Ziehen nötig war, um's schnell wieder in Ordnung zu bringen.

Der Tanz war noch nicht zu Ende, als die Blitze, die wir schon lange am Horizonte leuchten gesehn und die ich immer für Wetterkühlen ausgegeben hatte, viel stärker zu 15 werden anfingen und der Donner die Musik überstimmte. Drei Frauenzimmer liefen aus der Reihe, denen ihre Herren folgten, die Unordnung ward allgemein und die Musik hörte auf. Es ist natürlich, wenn uns ein Unglück oder etwas Schröckliches im Vergnügen überrascht, dass es stärkere 20 Eindrücke auf uns macht als sonst, teils wegen dem Gegensatze, der sich so lebhaft empfinden lässt, teils und noch mehr, weil unsere Sinne einmal der Fühlbarkeit geöffnet sind und also desto schneller einen Eindruck annehmen. Diesen Ursachen muss ich die wunderbaren Grimas- 25 sen zuschreiben, in die ich mehrere Frauenzimmer ausbrechen sah. Die Klügste setzte sich in eine Ecke, mit dem Rücken gegen das Fenster, und hielt die Ohren zu, eine andere kniete sich vor ihr nieder und verbarg den Kopf in der Ersten Schoß, eine Dritte schob sich zwischen beide 30 hinein und umfasste ihre Schwesterchen mit tausend Tränen. Einige wollten nach Hause, andere, die noch weniger wussten, was sie taten, hatten nicht so viel Besinnungskraft, den Keckheiten unserer jungen Schlucker zu steuern, die sehr beschäftigt zu sein schienen, alle die ängstlichen 35 Gebete, die dem Himmel bestimmt waren, von den Lippen

Keckheit: respektloses Verhalten

Schlucker: *hier* Genießer

der schönen Bedrängten wegzufangen. Einige unserer Herren hatten sich hinabbegeben, um ein Pfeifchen in Ruhe zu rauchen, und die übrige Gesellschaft schlug es nicht aus, als die Wirtin auf den klugen Einfall kam, uns ein Zimmer anzuweisen, das Läden und Vorhänge hätte. Kaum waren wir da angelangt, als Lotte beschäftigt war, einen Kreis von Stühlen zu stellen, die Gesellschaft zu setzen und den Vortrag zu einem Spiele zu tun.

Ich sah manchen, der in Hoffnung auf ein saftiges Pfand sein Mäulchen spitzte und seine Glieder reckte. »Wir spielen Zählen«, sagte sie, »nun gebt Acht! Ich gehe im Kreise herum von der Rechten zur Linken und so zählt ihr auch ringsherum jeder die Zahl, die an ihn kommt, und das muss gehn wie ein Lauffeuer, und wer stockt oder sich irrt, kriegt eine Ohrfeige, und so bis tausend.« Nun war das lustig anzusehen. Sie ging mit ausgestrecktem Arme im Kreise herum: »Eins!«, fing der Erste an, der Nachbar »zwei!«, »drei!« der Folgende und so fort; dann fing sie an geschwinder zu gehn, immer geschwinder. Da versah's einer, patsch!, eine Ohrfeige und über das Gelächter der Folgende auch: patsch! Und immer geschwinder. Ich selbst kriegte zwei Maulschellen und glaubte mit innigem Vergnügen zu bemerken, dass sie stärker seien, als sie sie den Übrigen zuzumessen pflegte. Ein allgemeines Gelächter und Geschwärme machte dem Spiele ein Ende, ehe noch das Tausend ausgezählt war. Die Vertrautesten zogen einander beiseite, das Gewitter war vorüber und ich folgte Lotten in den Saal. Unterwegs sagte sie: »Über die Ohrfeigen haben sie Wetter und alles vergessen!« Ich konnte ihr nichts antworten. »Ich war«, fuhr sie fort, »eine der Furchtsamsten, und indem ich mich herzhaft stellte, um den andern Mut zu geben, bin ich mutig geworden.« Wir traten ans Fenster, es donnerte abseitwärts und der herrliche Regen säuselte auf das Land und der erquickendste Wohlgeruch stieg in aller Fülle einer warmen Luft zu uns auf. Sie stand auf ihrem Ellenbogen gestützt und ihr Blick durchdrang die Gegend, sie sah gen

Maulschelle: Ohrfeige

Himmel und auf mich, ich sah ihr Auge tränenvoll, sie legte ihre Hand auf die meinige und sagte: »Klopstock!« Ich versank in dem Strome von Empfindungen, den sie in dieser Losung über mich ausgoss. Ich ertrug's nicht, neigte mich auf ihre Hand und küsste sie unter den wonnevollsten Tränen. Und sah nach ihrem Auge wieder – Edler!, hättest du deine Vergötterung in diesem Blicke gesehn und möcht ich nun deinen so oft entweihten Namen nie wieder nennen hören!

Friedrich Gottlieb Klopstock (1724–1803): deutscher Lyriker, beim damaligen jungen Publikum wegen seiner Natur- und Liebeslyrik sehr beliebt

Am 19. Juni

Wo ich neulich mit meiner Erzählung geblieben bin, weiß ich nicht mehr; das weiß ich, dass es zwei Uhr des Nachts war, als ich zu Bette kam, und dass, wenn ich dir hätte vorschwätzen können, statt zu schreiben, ich dich vielleicht bis an Tag aufgehalten hätte.

Was auf unserer Hereinfahrt vom Balle passiert ist, hab ich noch nicht erzählt, hab auch heute keinen Tag dazu.

Es war der liebwürdigste Sonnenaufgang. Der tröpfelnde Wald und das erfrischte Feld umher! Unsere Gesellschafterinnen nickten ein. Sie fragte mich, ob ich nicht auch von der Partie sein wollte, ihrentwegen sollt' ich unbekümmert sein. »Solang ich diese Augen offen sehe«, sagt' ich und sah sie fest an, »solang hat's keine Gefahr.« Und wir haben beide ausgehalten bis an ihr Tor, da ihr die Magd leise aufmachte und auf ihr Fragen vom Vater und den Kleinen versicherte, dass alles wohl sei und noch schlief. Und da verließ ich sie mit dem Versichern, sie selbigen Tags noch zu sehn, und hab mein Versprechen gehalten und seit der Zeit können Sonne, Mond und Sterne geruhig ihre Wirtschaft treiben, ich weiß weder, dass Tag noch dass Nacht ist und die ganze Welt verliert sich um mich her.

Am 21. Juni

Ich lebe so glückliche Tage, wie sie Gott seinen Heiligen ausspart, und mit mir mag werden, was will; so darf ich

nicht sagen, dass ich die Freuden, die reinsten Freuden des Lebens nicht genossen habe. Du kennst mein Wahlheim. Dort bin ich völlig etabliert. Von dort hab ich nur eine halbe Stunde zu Lotten, dort fühl ich mich selbst und alles
5 Glück, das dem Menschen gegeben ist.

Hätte ich gedacht, als ich mir Wahlheim zum Zwecke meiner Spaziergänge wählte, dass es so nahe am Himmel läge! Wie oft habe ich das Jagdhaus, das nun alle meine Wünsche einschließt, auf meinen weiten Wandrungen bald
10 vom Berge, bald in der Ebne über den Fluss gesehn.

Lieber Wilhelm, ich habe allerlei nachgedacht über die Begier im Menschen, sich auszubreiten, neue Entdeckungen zu machen, herumzuschweifen; und dann wieder über den innern Trieb, sich der Einschränkung willig zu ergeben und
15 in dem Gleise der Gewohnheit so hinzufahren und sich weder um rechts noch links zu bekümmern.

Es ist wunderbar, wie ich hierherkam und vom Hügel in das schöne Tal schaute, wie es mich ringsumher anzog. Dort das Wäldchen! Ach könntest du dich in seine Schat-
20 ten mischen! Dort die Spitze des Bergs! Ach könntest du von da die weite Gegend überschauen! Die ineinandergeketteten Hügel und vertraulichen Täler. O könnte ich mich in ihnen verlieren! – Ich eilte hin! und kehrte zurück und hatte nicht gefunden, was ich hoffte. O es ist mit der Ferne
25 wie mit der Zukunft! Ein großes dämmerndes Ganze ruht vor unserer Seele, unsere Empfindung verschwimmt sich darinne wie unser Auge und wir sehnen uns, ach!, unser ganzes Wesen hinzugeben, uns mit all der Wonne eines einzigen großen herrlichen Gefühls ausfüllen zu lassen. –
30 Und ach!, wenn wir hinzueilen, wenn das Dort nun Hier wird, ist alles vor wie nach und wir stehen in unserer Armut, in unserer Eingeschränktheit und unsere Seele lechzt nach entschlüpftem Labsale.

Und so sehnt sich der unruhigste Vagabund zuletzt wieder
35 nach seinem Vaterlande und findet in seiner Hütte, an der Brust seiner Gattin, in dem Kreise seiner Kinder und der

Labsal: Stärkung, Erquickung

Geschäfte zu ihrer Erhaltung all die Wonne, die er in der weiten, öden Welt vergebens suchte.

Wenn ich so des Morgens mit Sonnenaufgange hinausgehe nach meinem Wahlheim und dort im Wirtsgarten mir meine Zuckererbsen selbst pflücke, mich hinsetze und sie ab- ⁵fädme und dazwischen lese in meinem Homer. Wenn ich denn in der kleinen Küche mir einen Topf wähle, mir Butter aussteche, meine Schoten ans Feuer stelle, zudecke und mich dazusetze, sie manchmal umzuschütteln. Da fühl ich so lebhaft, wie die herrlichen, übermütigen Freier ¹⁰der Penelope Ochsen und Schweine schlachten, zerlegen und braten. Es ist nichts, das mich so mit einer stillen, wahren Empfindung ausfüllte als die Züge patriarchalischen Lebens, die ich, Gott sei Dank, ohne Affektation in meine Lebensart verweben kann. ¹⁵

Wie wohl ist mir's, dass mein Herz die simple, harmlose Wonne des Menschen fühlen kann, der ein Krauthaupt auf seinen Tisch bringt, das er selbst gezogen, und nun nicht den Kohl allein, sondern all die guten Tage, den schönen Morgen, da er ihn pflanzte, die lieblichen Abende, da er ihn ²⁰begoss und da er an dem fortschreitenden Wachstume seine Freude hatte, alle in einem Augenblicke wieder mitgenießt.

Am 29. Juni

Vorgestern kam der Medikus hier aus der Stadt hinaus ²⁵zum Amtmanne und fand mich auf der Erde unter Lottens Kindern, wie einige auf mir herumkrabbelten, andere mich neckten und wie ich sie kützelte und ein großes Geschrei mit ihnen verführte. Der Doktor, der eine sehr dogmatische Drahtpuppe ist und im Diskurs seine Manschetten in ³⁰Falten legt und den Kräusel bis zum Nabel herauszupft, fand dieses unter der Würde eines gescheuten Menschen, das merkte ich an seiner Nase. Ich ließ mich aber in nichts stören, ließ ihn sehr vernünftige Sachen abhandeln und baute den Kindern ihre Kartenhäuser wieder, die sie zer- ³⁵

abfädmen: ablösen, abziehen

Penelope: griech. Sagenfigur; Frau des verschollenen Odysseus, um die viele Verehrer werben

Affektation: Ziererei

dogmatisch: *hier* an etwas starr festhaltend

Kräusel: Halskrause

schlagen hatten. Auch ging er darauf in der Stadt herum und beklagte: Des Amtmanns Kinder wären schon ungezogen genug, der Werther verdürbe sie nun völlig.

Ja, lieber Wilhelm, meinem Herzen sind die Kinder am nächsten auf der Erde. Wenn ich so zusehe und in dem kleinen Dinge die Keime aller Tugenden, aller Kräfte sehe, die sie einmal so nötig brauchen werden, wenn ich in dem Eigensinne alle die künftige Standhaftigkeit und Festigkeit des Charakters, in dem Mutwillen allen künftigen guten Humor und die Leichtigkeit, über alle die Gefahren der Welt hinzuschlüpfen, erblicke, alles so unverdorben, so ganz! Immer, immer wiederhol ich die goldnen Worte des Lehrers der Menschen: Wenn ihr nicht werdet wie eines von diesen! Und nun, mein Bester, sie, die unsersgleichen sind, die wir als unsere Muster ansehen sollten, behandeln wir als Untertanen. Sie sollen keinen Willen haben! – Haben wir denn keinen? Und wo liegt das Vorrecht? – Weil wir älter sind und gescheuter? – Guter Gott von deinem Himmel, alte Kinder siehst du und junge Kinder und nichts weiter und an welchen du mehr Freude hast, das hat dein Sohn schon lange verkündigt. Aber sie glauben an ihn und hören ihn nicht, das ist auch was Alt's, und bilden ihre Kinder nach sich und – Adieu, Wilhelm, ich mag darüber nicht weiter radotieren.

Lehrer der Menschen: hier Jesus Christus

radotieren: schwätzen

Am 1. Juli

Was Lotte einem Kranken sein muss, fühl ich an meinem eignen armen Herzen, das übler dran ist als manches, das auf dem Siechbette verschmachtet. Sie wird einige Tage in der Stadt bei einer rechtschaffenen Frau zubringen, die sich nach der Aussage der Ärzte ihrem Ende naht, und in diesen letzten Augenblicken will sie Lotten um sich haben. Ich war vorige Woche mit ihr, den Pfarrer von St... zu besuchen, ein Örtchen, das eine Stunde seitwärts im Gebürge liegt. Wir kamen gegen viere dahin. Lotte hatte ihre zweite Schwester mitgenommen. Als wir in den von zwei hohen

Siechbett: Krankenbett

Nussbäumen überschatteten Pfarrhof traten, saß der gute alte Mann auf einer Bank vor der Haustüre, und da er Lotten sah, ward er wie neu belebt, vergaß seinen Knotenstock und wagte sich auf, ihr entgegen. Sie lief hin zu ihm, nötigte ihn sich niederzusetzen, indem sie sich zu ihm 5 setzte, brachte viel Grüße von ihrem Vater, herzte seinen garstigen, schmutzigen jüngsten Buben, das Quakelchen seines Alters. Du hättest sie sehen sollen, wie sie den Alten beschäftigte, wie sie ihre Stimme erhub, um seinen halb tauben Ohren vernehmlich zu werden, wie sie ihm erzählte 10 von jungen, robusten Leuten, die unvermutet gestorben wären, von der Vortrefflichkeit des Karlsbades und wie sie seinen Entschluss lobte, künftigen Sommer hinzugehen, und wie sie fand, dass er viel besser aussähe, viel munterer sei als das letzte Mal, da sie ihn gesehn. Ich hatte indes der 15 Frau Pfarrern meine Höflichkeiten gemacht, der Alte wurde ganz munter, und da ich nicht umhinkonnte, die schönen Nussbäume zu loben, die uns so lieblich beschatteten, fing er an, uns, wiewohl mit einiger Beschwerlichkeit, die Geschichte davon zu geben. »Den alten«, sagte er, »wissen 20 wir nicht, wer den gepflanzt hat, einige sagen dieser, andere, jener Pfarrer. Der jüngere aber dort hinten ist so alt als meine Frau, im Oktober funfzig Jahre. Ihr Vater pflanzte ihn des Morgens, als sie gegen Abend geboren wurde. Er war mein Vorfahr im Amte, und wie lieb ihm der Baum 25 war, ist nicht zu sagen; mir ist er's gewiss nicht weniger, meine Frau saß drunter auf einem Balken und strickte, als ich vor siebenundzwanzig Jahren als ein armer Student zum ersten Mal hier in Hof kam.« Lotte fragte nach seiner Tochter, es hieß, sie sei mit Herrn Schmidt auf der Wiese 30 hinaus zu den Arbeitern, und der Alte fuhr in seiner Erzählung fort, wie sein Vorfahr ihn lieb gewonnen und die Tochter dazu und wie er erst sein Vikar und dann sein Nachfolger geworden. Die Geschichte war nicht lange zu Ende, als die Jungfer Pfarrern mit dem so genannten Herrn Schmidt 35 durch den Garten herkam, sie bewillkommte Lotten mit

Quakelchen: Nesthäkchen

Karlsbad: Kurort im heutigen Tschechien

Vikar: Hilfsgeistlicher

herzlicher Wärme und ich muss sagen, sie gefiel mir nicht
übel, eine rasche, wohl gewachsne Brünette, die einen die
kurze Zeit über auf dem Lande wohl unterhalten hätte. Ihr
Liebhaber, denn als solcher stellte sich Herr Schmidt gleich
dar, ein feiner, doch stiller Mensch, der sich nicht in unsere
Gespräche mischen wollte, ob ihn gleich Lotte immer her-
einzog; und was mich am meisten betrübte, war, dass ich
an seinen Gesichtszügen zu bemerken schien, es sei mehr
Eigensinn und übler Humor als Eingeschränktheit des Ver-
standes, der ihn sich mitzuteilen hinderte. In der Folge
ward dies nur leider zu deutlich, denn als Friedrike beim
Spazierengehn mit Lotten und verschiedentlich auch mit
mir ging, wurde des Herrn Angesicht, das ohnedas einer
bräunlichen Farbe war, so sichtlich verdunkelt, dass es Zeit
war, dass Lotte mich beim Ärmel zupfte und mir das Artig-
tun mit Friederiken abriet. Nun verdrießt mich nichts
mehr, als wenn die Menschen einander plagen, am meisten, wenn junge Leute in der Blüte des Lebens, da sie am
offensten für alle Freuden sein könnten, einander die paar
guten Tage mit Fratzen verderben und nur erst zu spät das
Unersetzliche ihrer Verschwendung einsehen. Mir wurmte
das und ich konnte nicht umhin, da wir gegen Abend in
den Pfarrhof zurückkehrten und an einem Tische gebrock-
tes Brot in Milch aßen und der Diskurs auf Freude und
Leid in der Welt roulierte, den Faden zu ergreifen und recht
herzlich gegen die üble Laune zu reden. »Wir Menschen
beklagen uns oft«, fing ich an, »dass der guten Tage so wenig sind und der schlimmen so viel, und wie mich dünkt,
meist mit Unrecht. Wenn wir immer ein offenes Herz hätten, das Gute zu genießen, das uns Gott für jeden Tag bereitet, wir würden alsdenn auch Kraft genug haben, das
Übel zu tragen, wenn es kommt.« – »Wir haben aber unser
Gemüt nicht in unserer Gewalt«, versetzte die Pfarrern,
»wie viel hängt vom Körper ab! Wenn man nicht wohl ist,
ist's einem überall nicht recht.« Ich gestund ihr das ein.
»Wir wollen's also«, fuhr ich fort, »als eine Krankheit anse-

Humor:
hier Laune

roulieren:
zurückkommen

hen und fragen, ob dafür kein Mittel ist!« – »Das lässt sich hören«, sagte Lotte, »ich glaube wenigstens, dass viel von uns abhängt, ich weiß es an mir, wenn mich etwas neckt und mich verdrüsslich machen will, spring ich auf und sing ein paar Contretänze den Garten auf und ab, gleich ist's weg.« – »Das war's, was ich sagen wollte«, versetzte ich, »es ist mit der üblen Laune völlig wie mit der Trägheit, denn es ist eine Art von Trägheit; unsere Natur hängt sehr dahin und doch, wenn wir nur einmal die Kraft haben, uns zu ermannen, geht uns die Arbeit frisch von der Hand und wir finden in der Tätigkeit ein wahres Vergnügen.« Friederike war sehr aufmerksam und der junge Mensch wandte mir ein, dass man nicht Herr über sich selbst sei und am wenigsten über seine Empfindungen gebieten könne. »Es ist hier die Frage von einer unangenehmen Empfindung«, versetzt ich, »die doch jedermann gern los ist, und niemand weiß, wie weit seine Kräfte gehn, bis er sie versucht hat. Gewiss, einer, der krank ist, wird bei allen Ärzten herumfragen und die größten Resignationen, die bittersten Arzneien wird er nicht abweisen, um seine gewünschte Gesundheit zu erhalten.« Ich bemerkte, dass der ehrliche Alte sein Gehör anstrengte, um an unserm Diskurs teilzunehmen, ich erhub die Stimme, indem ich die Rede gegen ihn wandte. »Man predigt gegen so viele Laster«, sagt' ich, »ich habe noch nie gehört, dass man gegen die üble Laune vom Predigtstuhle gearbeitet hätte.«* – »Das müssten die Stadtpfarrer tun«, sagt' er, »die Bauern haben keinen bösen Humor«; doch könnt's auch nichts schaden zuweilen, es wäre eine Lektion für seine Frau wenigstens und den Herrn Amtmann. Die Gesellschaft lachte und er herzlich mit, bis er in einen Husten verfiel, der unsern Diskurs eine Zeit lang unterbrach, darauf denn der junge Mensch wieder das Wort nahm: »Sie nannten den bösen Humor ein Laster,

Resignation:
hier Entsagung

---

* Wir haben nun von Lavatern [Anm. d. Red.: ev. Theologe und Philosoph, 1741–1801] eine treffliche Predigt hierüber, unter denen über das Buch Jonas.

mich deucht, das ist übertrieben.« – »Mitnichten«, gab ich
zur Antwort, »wenn das, womit man sich selbst und seinen
Nächsten schadet, den Namen verdient. Ist es nicht genug,
dass wir einander nicht glücklich machen können, müssen
5 wir auch noch einander das Vergnügen rauben, das jedes
Herz sich noch manchmal selbst gewähren kann. Und nennen Sie mir den Menschen, der übler Laune ist und so brav
dabei, sie zu verbergen, sie allein zu tragen, ohne die Freuden um sich her zu zerstören; oder ist sie nicht vielmehr
10 ein innerer Unmut über unsre eigne Unwürdigkeit, ein
Missfallen an uns selbst, das immer mit einem Neide ver-
knüpft ist, der durch eine törige Eitelkeit aufgehetzt wird:
Wir sehen glückliche Menschen, die wir nicht glücklich
machen, und das ist unerträglich!« Lotte lächelte mich an,
15 da sie die Bewegung sah, mit der ich red'te, und eine Träne
in Friederikens Auge spornte mich fortzufahren. »Weh denen«, sagt' ich, »die sich der Gewalt bedienen, die sie über
ein Herz haben, um ihm die einfachen Freuden zu rauben,
die aus ihm selbst hervorkeimen. Alle Geschenke, alle Ge-
20 fälligkeiten der Welt ersetzen nicht einen Augenblick Vergnügen an sich selbst, den uns eine neidische Unbehag-
lichkeit unsers Tyrannen vergällt hat.«
Mein ganzes Herz war voll in diesem Augenblicke, die Erinnerung so manches Vergangenen drängte sich an meine
25 Seele und die Tränen kamen mir in die Augen.
»Wer sich das nur täglich sagte«, rief ich aus, »du vermagst
nichts auf deine Freunde, als ihnen ihre Freude zu lassen
und ihr Glück zu vermehren, indem du es mit ihnen genie-
ßest. Vermagst du, wenn ihre innre Seele von einer ängsti-
30 genden Leidenschaft gequält, vom Kummer zerrüttet ist,
ihnen einen Tropfen Linderung zu geben?
Und wenn die letzte, bangste Krankheit dann über das Geschöpf herfällt, das du in blühenden Tagen untergraben
hast, und sie nun daliegt in dem erbärmlichen Ermatten
35 und das Aug gefühllos gen Himmel sieht und der Todes-
schweiß auf ihrer Stirne abwechselt und du vor dem Bette

mich deucht:
mir scheint

stehst wie ein Verdammter, in dem innigsten Gefühl, dass du nichts vermagst mit all deinem Vermögen, und die Angst dich inwendig krampft, dass du alles hingeben möchtest, um dem untergehenden Geschöpf einen Tropfen Stärkung, einen Funken Mut einflößen zu können.« 5

Die Erinnerung einer solchen Szene, da ich gegenwärtig war, fiel mit ganzer Gewalt bei diesen Worten über mich. Ich nahm das Schnupftuch vor die Augen und verließ die Gesellschaft und nur Lottens Stimme, die mir rief, wir wollten fort, brachte mich zu mir selbst. Und wie sie mich 10 auf dem Wege schalt über den zu warmen Anteil an allem!, und dass ich drüber zugrunde gehen würde!, dass ich mich schonen sollte! O der Engel! Um deinetwillen muss ich leben!

Am 6. Juli 15

Sie ist immer um ihre sterbende Freundin und ist immer dieselbe, immer das gegenwärtige holde Geschöpf, das, wo sie hinsieht, Schmerzen lindert und Glückliche macht. Sie ging gestern Abend mit Mariannen und dem kleinen Malchen spazieren, ich wusst es und traf sie an und wir gingen 20 zusammen. Nach einem Wege von anderthalb Stunden kamen wir gegen die Stadt zurück, an den Brunnen, der mir so wert ist und nun tausendmal werter ward, als Lotte sich aufs Mäuerchen setzte. Ich sah umher, ach!, und die Zeit, da mein Herz so allein war, lebte wieder vor mir auf. »Lie- 25 ber Brunn'«, sagt' ich, »seither hab ich nicht mehr an deiner Kühle geruht, habe in eilendem Vorübergehn dich manchmal nicht angesehn.« Ich blickte hinab und sah, dass Malchen mit einem Glase Wasser sehr beschäftigt heraufstieg. Ich sahe Lotten an und fühlte alles, was ich an ihr 30 habe. Indem so kommt Malchen mit einem Glase, Marianne wollt' es ihr abnehmen. »Nein!«, rufte das Kind mit dem süß'ten Ausdrucke, »nein, Lottchen, du sollst zuerst trinken!« Ich ward über die Wahrheit, die Güte, womit sie das ausrief, so entzückt, dass ich meine Empfindung mit nichts 35 ausdrücken konnte, als ich nahm das Kind von der Erde und küsste es lebhaft, das sogleich zu schreien und zu weinen anfing. »Sie haben übel getan«, sagte Lotte! Ich war betroffen. »Komm, Malchen«, fuhr sie fort, indem sie es an der Hand nahm und die Stufen hinabführte, »da wasche dich aus der frischen Quelle, geschwind, geschwind, da tut's nichts.« Wie ich da so stund und zusah, mit welcher Emsigkeit das Kleine mit seinen nassen Händchen die Backen rieb, mit welchem Glauben, dass durch die Wunderquelle alle Verunreinigung abgespült und die Schmach abgetan würde, einen hässlichen Bart zu kriegen. Wie Lotte sagte: »Es ist genug«, und das Kind doch immer eifrig fortwusch, als wenn viel mehr täte als wenig. Ich sage dir, Wilhelm, ich habe mit mehr Respekt nie einer Taufhandlung beigewohnt und als Lotte heraufkam, hätte ich mich gern vor ihr niedergeworfen wie vor einem Propheten, der die Schulden einer Nation weggeweiht hat.

Des Abends konnt ich nicht umhin, in der Freude meines Herzens den Vorfall einem Manne zu erzählen, dem ich Menschensinn zutraute, weil er Verstand hat. Aber wie kam ich an. Er sagte, das wäre sehr übel von Lotten gewesen, man solle die Kinder nichts weismachen, dergleichen gäbe zu unzähligen Irrtümern und Aberglauben Anlass, man müsste die Kinder frühzeitig davor bewahren. Nun fiel mir ein, dass der Mann vor acht Tagen hatte taufen lassen, drum ließ ich's vorbeigehn und blieb in meinem Herzen der Wahrheit getreu: Wir sollen es mit den Kindern machen wie Gott mit uns, der uns am glücklichsten macht, wenn er uns im freundlichen Wahne so hintaumeln lässt.

Am 8. Juli

Was man ein Kind ist! Was man nach so einem Blicke geizt! Was man ein Kind ist! Wir waren nach Wahlheim gegangen, die Frauenzimmer fuhren hinaus und während unsrer Spaziergänge glaubt ich in Lottens schwarzen Augen – Ich bin ein Tor, verzeih mir's, du solltest sie sehn, diese Augen.

geizen: *hier* sich sehnen

Dass ich kurz bin, denn die Augen fallen mir zu vom Schlaf. Siehe, die Frauenzimmer stiegen ein, da stunden um die Kutsche der junge W..., Selstadt und Audran und ich. Da ward aus dem Schlage geplaudert mit den Kerlchens, die freilich leicht und lüftig genug waren. Ich suchte Lottens 5 Augen! Ach, sie gingen von einem zum andern! Aber auf mich! Mich! Mich!, der ganz allein auf sie resigniert dastund, fielen sie nicht! Mein Herz sagte ihr tausend Adieu! Und sie sah mich nicht! Die Kutsche fuhr vorbei und eine Träne stund mir im Auge. Ich sah ihr nach! Und sah Lot- 10 tens Kopfputz sich zum Schlag herauslehnen und sie wandte sich um, zu sehn. Ach! Nach mir? – Lieber! In dieser Ungewissheit schweb ich! Das ist mein Trost. Vielleicht hat sie sich nach mir umgesehen. Vielleicht – Gute Nacht! O was ich ein Kind bin! 15

Am 10. Juli

Die alberne Figur, die ich mache, wenn in Gesellschaft von ihr gesprochen wird, solltest du sehen. Wenn man mich nun gar fragt, wie sie mir gefällt – Gefällt! Das Wort hass ich in Tod. Was muss das für ein Kerl sein, dem Lotte ge- 20 fällt, dem sie nicht alle Sinnen, alle Empfindungen ausfüllt. Gefällt! Neulich fragte mich einer, wie mir Ossian gefiele.

Am 11. Juli

Frau M... ist sehr schlecht, ich bete für ihr Leben, weil ich mit Lotten dulde. Ich seh sie selten bei einer Freundin und 25 heut hat sie mir einen wunderbaren Vorfall erzählt. Der alte M... ist ein geiziger, rangiger Hund, der seine Frau im Leben was Rechts geplagt und eingeschränkt hat. Doch hat sich die Frau immer durchzuhelfen gewusst. Vor wenig' Tagen, als der Doktor ihr das Leben abgesprochen hatte, ließ 30 sie ihren Mann kommen, Lotte war im Zimmer, und red'te ihn also an: »Ich muss dir eine Sache gestehn, die nach meinem Tode Verwirrung und Verdruss machen könnte. Ich habe bisher die Haushaltung geführt, so ordentlich und

lüftig: flatterhaft

auf sie resigniert: ihr ergeben

Ossian-Gesänge: Dichtungen des schott. Autors James Macpherson (1736–1796), die dieser als Übersetzung alter gälischer Gesänge eines blinden Sängers namens Ossian ausgab

dulden: leiden

rangig: habgierig

sparsam als möglich, allein du wirst mir verzeihen, dass ich dich diese dreißig Jahre her hintergangen habe. Du bestimmtest im Anfange unserer Heirat ein Geringes für die Bestreitung der Küche und anderer häuslicher Ausgaben.
5 Als unsere Haushaltung stärker wurde, unser Gewerb größer, warst du nicht zu bewegen, mein Wochengeld nach dem Verhältnisse zu vermehren, kurz, du weißt, dass du in den Zeiten, da sie am größten war, verlangtest, ich solle mit sieben Gulden die Woche auskommen. Die hab ich
10 denn ohne Widerrede genommen und mir den Überschuss wöchentlich aus der Losung geholt, da niemand vermutete, dass die Frau die Kasse bestehlen würde. Ich habe nichts verschwendet und wäre auch, ohne es zu bekennen, getrost der Ewigkeit entgegengegangen, wenn nicht dieje-
15 nige, die nach mir das Wesen zu führen hat, sich nicht zu helfen wissen würde und du doch immer drauf bestehen könntest, deine erste Frau sei damit ausgekommen.«

Ich redete mit Lotten über die unglaubliche Verblendung des Menschensinns, dass einer nicht argwohnen soll, da-
20 hinter müsse was anders stecken, wenn eins mit sieben Gulden hinreicht, wo man den Aufwand vielleicht um zweimal so viel sieht. Aber ich hab selbst Leute gekannt, die des Propheten ewiges Ölkrüglein ohne Verwunderung in ihrem Hause statuiert hätten.

25   Am 13. Juli

Nein, ich betrüge mich nicht! Ich lese in ihren schwarzen Augen wahre Teilnehmung an mir und meinem Schicksale. Ja, ich fühle, und darin darf ich meinem Herzen trauen, dass sie – O darf ich, kann ich den Himmel in diesen Wor-
30 ten aussprechen? – dass sie mich liebt.
Mich liebt! Und wie wert ich mir selbst werde! Wie ich – dir darf ich's wohl sagen, du hast Sinn für so etwas – wie ich mich selbst anbete, seitdem sie mich liebt.
Und ob das Vermessenheit ist oder Gefühl des wahren Ver-
35 hältnisses: Ich kenne den Menschen nicht, von dem ich

Losung: aus Verkauf gewonnenes Bargeld

Wesen: hier Hauswesen

ewiges Ölkrüglein: Anspielung auf biblisches Gleichnis

etwas in Lottens Herzen fürchtete. Und doch – wenn sie von ihrem Bräutigam spricht mit all der Wärme, all der Liebe, da ist mir's wie einem, der all seiner Ehren und Würden entsetzt und dem der Degen abgenommen wird.

Am 16. Juli ⁵

Ach, wie mir das durch alle Adern läuft, wenn mein Finger unversehns den ihrigen berührt, wenn unsere Füße sich unter dem Tische begegnen. Ich ziehe zurück wie vom Feuer und eine geheime Kraft zieht mich wieder vorwärts, mir wird's so schwindlig vor allen Sinnen. O und ihre Un- ¹⁰ schuld, ihre unbefangene Seele fühlt nicht, wie sehr mich die kleinen Vertraulichkeiten peinigen. Wenn sie gar im Gespräch ihre Hand auf die meinige legt und im Interesse der Unterredung näher zu mir rückt, dass der himmlische Atem ihres Mundes meine Lippen reichen kann. – Ich ¹⁵ glaube zu versinken, wie vom Wetter gerührt. Und, Wilhelm, wenn ich mich jemals unterstehe, diesen Himmel, dieses Vertrauen – Du verstehst mich. Nein, mein Herz ist so verderbt nicht! Schwach! Schwach genug! Und ist das nicht Verderben? ²⁰

Sie ist mir heilig. Alle Begier schweigt in ihrer Gegenwart. Ich weiß nimmer, wie mir ist, wenn ich bei ihr bin, es ist, als wenn die Seele sich mir in allen Nerven umkehrte. Sie hat eine Melodie, die sie auf dem Klavier spielt mit der Kraft eines Engels, so simpel und so geistvoll, es ist ihr ²⁵ Leiblied und mich stellt es von aller Pein, Verwirrung und Grillen her, wenn sie nur die erste Note davon greift.

Kein Wort von der Zauberkraft der alten Musik ist mir unwahrscheinlich, wie mich der einfache Gesang angreift. Und wie sie ihn anzubringen weiß, oft zur Zeit, wo ich mir ³⁰ eine Kugel vor'n Kopf schießen möchte. Und all die Irrung und Finsternis meiner Seele zerstreut sich und ich atme wieder freier.

Am 18. Juli

Wilhelm, was ist unserm Herzen die Welt ohne Liebe! Was
eine Zauberlaterne ist ohne Licht! Kaum bringst du das
Lämpchen hinein, so scheinen dir die buntesten Bilder an
5 deine weiße Wand! Und wenn's nichts wäre als das, als vor-
übergehende Phantome, so macht's doch immer unser
Glück, wenn wir wie frische Buben davorstehen und uns
über die Wundererscheinungen entzücken. Heut konnt ich
nicht zu Lotten, eine unvermeidliche Gesellschaft hielt
10 mich ab. Was war zu tun. Ich schickte meinen Buben hinaus, nur um einen Menschen um mich zu haben, der ihr
heute nahe gekommen wäre. Mit welcher Ungeduld ich
den Buben erwartete, mit welcher Freude ich ihn wieder-
sah. Ich hätt ihn gern beim Kopf genommen und geküsst,
15 wenn ich mich nicht geschämt hätte.

Man erzählt von dem Bononischen Stein, dass er, wenn
man ihn in die Sonne legt, ihre Strahlen anzieht und eine
Weile bei Nacht leuchtet. So war mir's mit dem Jungen. Das
Gefühl, dass ihre Augen auf seinem Gesicht, seinen Ba-
20 cken, seinen Rockknöpfen und dem Kragen am Surtout geruht hatten, machte mir das all so heilig, so wert, ich hätte
in dem Augenblicke den Jungen nicht für tausend Taler gegeben. Es war mir so wohl in seiner Gegenwart – Bewahre
dich Gott, dass du darüber nicht lachst. Wilhelm, sind das
25 Phantome, wenn es uns wohl wird?

Den 19. Juli

»Ich werde sie sehen«, ruf ich morgens aus, wenn ich mich
ermuntre und mit aller Heiterkeit der schönen Sonne ent-
gegenblicke. »Ich werde sie sehen!« Und da hab ich für den
30 ganzen Tag keinen Wunsch weiter. Alles, alles verschlingt
sich in dieser Aussicht.

Den 20. Juli

Eure Idee will noch nicht die meinige werden, dass ich mit
dem Gesandten nach *** gehen soll. Ich liebe die Subordi-

Zauberlaterne:
Bilderprojektor

frisch:
unerfahren

Bube:
hier junger
Diener

Bononischer
Stein:
Mineral mit
phosphoreszie-
render Wirkung

Surtout:
Überrock, Jacke

Subordination:
Unterordnung

in Aktivität:
hier in einer
Anstellung

nation nicht sehr und wir wissen alle, dass der Mann noch
dazu ein widriger Mensch ist. Meine Mutter möchte mich
gern in Aktivität haben, sagst du, das hat mich zu lachen
gemacht, bin ich jetzt nicht auch aktiv?, und ist's im Grund
nicht einerlei, ob ich Erbsen zähle oder Linsen? Alles in der 5
Welt läuft doch auf eine Lumperei hinaus und ein Kerl, der
um anderer willen, ohne dass es seine eigene Leidenschaft
ist, sich um Geld oder Ehre oder sonst was abarbeitet, ist
immer ein Tor.

Am 24. Juli 10

Da dir so viel daran gelegen ist, dass ich mein Zeichnen
nicht vernachlässige, möcht ich lieber die ganze Sache
übergehn als dir sagen, dass zeither wenig getan wird.
Noch nie war ich glücklicher, noch nie meine Empfindung
an der Natur, bis aufs Steinchen, aufs Gräschen herunter, 15
voller und inniger und doch – ich weiß nicht, wie ich mich
ausdrücken soll, meine vorstellende Kraft ist so schwach,
alles schwimmt, schwankt vor meiner Seele, dass ich keinen Umriss packen kann; aber ich bilde mir ein, wenn ich
Ton hätte oder Wachs, so wollt' ich's wohl herausbilden, 20
ich werde auch Ton nehmen, wenn's länger währt, und
kneten, und sollten's Kuchen werden.
Lottens Porträt habe ich dreimal angefangen und habe

prostituieren:
hier sich
blamieren

Schattenriss:
hier Scheren-
schnitt, der
das Kopfprofil
abbildet

mich dreimal prostituiert, das mich umso mehr verdrießt,
weil ich vor einiger Zeit sehr glücklich im Treffen war, dar- 25
auf hab ich denn ihren Schattenriss gemacht und damit
soll mir genügen.

Am 26. Juli

Ich habe mir schon so manchmal vorgenommen, sie nicht
so oft zu sehn. Ja, wer das halten könnte! Alle Tage unter- 30
lieg ich der Versuchung und verspreche mir heilig: Morgen
willst du einmal wegbleiben, und wenn der Morgen
kommt, find ich doch wieder eine unwiderstehliche Ursache, und eh ich mich's versehe, bin ich bei ihr. Entweder sie

hat des Abends gesagt: »Sie kommen doch morgen?« Wer
könnte da wegbleiben? Oder der Tag ist gar zu schön, ich
gehe nach Wahlheim, und wenn ich so da bin – ist's nur
noch eine halbe Stunde zu ihr! Ich bin zu nah in der Atmo-
sphäre, zuck!, so bin ich dort. Meine Großmutter hatte ein
Märchen vom Magnetenberg. Die Schiffe, die zu nahe kamen, wurden auf einmal alles Eisenwerks beraubt, die Nä-
gel flogen dem Berge zu und die armen Elenden scheiter-
ten zwischen den übereinanderstürzenden Brettern.

Am 30. Juli

Albert ist angekommen und ich werde gehen, und wenn er
der beste, der edelste Mensch wäre, unter den ich mich in
allem Betracht zu stellen bereit wäre, so wär's unerträglich,
ihn vor meinem Angesichte im Besitze so vieler Vollkom-
menheiten zu sehen. Besitz! – Genug, Wilhelm, der Bräutigam ist da. Ein braver, lieber Kerl, dem man gut sein muss.
Glücklicherweise war ich nicht beim Empfange! Das hätte
mir das Herz zerrissen. Auch ist er so ehrlich und hat Lotten in meiner Gegenwart noch nicht einmal geküsst. Das
lohn ihm Gott! Um des Respekts willen, den er vor dem
Mädchen hat, muss ich ihn lieben. Er will mir wohl und ich
vermute, das ist Lottens Werk mehr als seiner eigenen
Empfindung, denn darin sind die Weiber fein und haben
Recht. Wenn sie zwei Kerls in gutem Vernehmen miteinander halten können, ist der Vorteil immer ihrer, so selten es
auch angeht.
Indes kann ich Alberten meine Achtung nicht versagen,
seine gelassne Außenseite sticht gegen die Unruhe meines
Charakters sehr lebhaft ab, die sich nicht verbergen lässt,
er hat viel Gefühl und weiß, was er an Lotten hat. Er scheint
wenig üble Laune zu haben und du weißt, das ist die Sünde, die ich ärger hasse am Menschen als alle andre.
Er hält mich für einen Menschen von Sinn und meine Anhänglichkeit an Lotten, meine warme Freude, die ich an all
ihren Handlungen habe, vermehrt seinen Triumph und er

liebt sie nur desto mehr. Ob er sie nicht manchmal heimlich mit kleiner Eifersüchtelei peinigt, das lass ich dahingestellt sein, wenigstens an seinem Platze würde ich nicht ganz sicher vor dem Teufel bleiben.

Dem sei nun wie ihm wolle, meine Freude, bei Lotten zu sein, ist hin! Soll ich das Torheit nennen oder Verblendung? – Was braucht's Namen! Erzählt die Sache an sich! – Ich wusste alles, was ich jetzt weiß, eh Albert kam, ich wusste, dass ich keine Prätensionen auf sie zu machen hatte, machte auch keine – Heißt das, insofern es möglich ist, bei so viel Liebenswürdigkeiten nicht zu begehren – Und jetzt macht der Fratze große Augen, da der andere nun wirklich kommt und ihm das Mädchen wegnimmt.

Ich beiße die Zähne aufeinander und spotte über mein Elend und spottete derer doppelt und dreifach, die sagen könnten, ich sollte mich resignieren und weil's nun einmal nicht anders sein könnte. – Schafft mir die Kerls vom Hals! – Ich laufe in den Wäldern herum, und wenn ich zu Lotten komme und Albert so bei ihr sitzt im Gärtchen unter der Laube und ich nicht weiterkann, so bin ich ausgelassen närrisch und fange viel Possen, viel verwirrtes Zeug an. »Um Gottes willen«, sagte mir Lotte heute, »ich bitte Sie!, keine Szene wie die von gestern Abend! Sie sind fürchterlich, wenn Sie so lustig sind.« Unter uns, ich passe die Zeit ab, wenn er zu tun hat, wutsch!, bin ich drauß und da ist mir's immer wohl, wenn ich sie allein finde.

Am 8. Aug.

Ich bitte dich, lieber Wilhelm! Es war gewiss nicht auf dich gered't, wenn ich schrieb: Schafft mir die Kerls vom Hals, die sagen, ich sollte mich resignieren. Ich dachte wahrlich nicht dran, dass du von ähnlicher Meinung sein könntest. Und im Grunde hast du Recht! Nur eins, mein Bester, in der Welt ist's sehr selten mit dem Entweder-oder getan, es gibt so viel Schattierungen der Empfindungen und Handlungs-

Prätension: Anspruch

Fratze: *hier* Schimpfwort für ein ungezogenes Kind

weisen als Abfälle zwischen einer Habichts- und Stumpf-
nase.

Abfälle:
Abstufungen

Du wirst mir also nicht übel nehmen, wenn ich dir dein
ganzes Argument einräume und mich doch zwischen dem
5 Entweder-oder durchzustehlen suche.

Entweder, sagst du, hast du Hoffnung auf Lotten oder du
hast keine. Gut! Im ersten Falle such sie durchzutreiben,
suche die Erfüllung deiner Wünsche zu umfassen, im andern Falle ermanne dich und suche einer elenden Empfin-
10 dung loszuwerden, die all deine Kräfte verzehren muss.
Bester, das ist wohl gesagt und – bald gesagt.

Und kannst du von dem Unglücklichen, dessen Leben unter einer schleichenden Krankheit unaufhaltsam allmählich abstirbt, kannst du von ihm verlangen, er solle durch
15 einen Dolchstoß der Qual auf einmal ein Ende machen?
Und raubt das Übel, das ihm die Kräfte wegzehrt, ihm
nicht auch zugleich den Mut, sich davon zu befreien?

Zwar könntest du mir mit einem verwandten Gleichnisse
antworten: Wer ließe sich nicht lieber den Arm abnehmen,
20 als dass er durch Zaudern und Zagen sein Leben aufs Spiel
setzte – Ich weiß nicht – und wir wollen uns nicht in
Gleichnissen herumbeißen. Genug – Ja, Wilhelm, ich habe
manchmal so einen Augenblick aufspringenden, abschüt-
telnden Muts und da, wenn ich nur wüsste wohin, ich gin-
25 ge wohl.

Am 10. Aug.

Ich könnte das beste, glücklichste Leben führen, wenn ich
nicht ein Tor wäre. So schöne Umstände vereinigen sich
nicht leicht, zusammen eines Menschen Herz zu ergötzen,
30 als die sind, in denen ich mich jetzt befinde. Ach so gewiss
ist's, dass unser Herz allein sein Glück macht! Ein Glied der
liebenswürdigen Familie auszumachen, von dem Alten geliebt zu werden wie ein Sohn, von den Kleinen wie ein Vater und von Lotten – und nun der ehrliche Albert, der
35 durch keine launische Unart mein Glück stört, der mich

mit herzlicher Freundschaft umfasst, dem ich nach Lotten das Liebste auf der Welt bin – Wilhelm, es ist eine Freude, uns zu hören, wenn wir spazieren gehn und uns einander von Lotten unterhalten, es ist in der Welt nichts Lächerlichers erfunden worden als dieses Verhältnis und doch kommen mir drüber die Tränen oft in die Augen.

Wenn er mir so von ihrer rechtschaffenen Mutter erzählt, wie die auf ihrem Todbette Lotten ihr Haus und ihre Kinder übergeben und ihm Lotten anbefohlen habe, wie seit der Zeit ein ganz anderer Geist Lotten belebt, wie sie in Sorge für ihre Wirtschaft und im Ernste eine wahre Mutter geworden, wie kein Augenblick ihrer Zeit ohne tätige Liebe, ohne Arbeit verstrichen und wie dennoch all ihre Munterkeit, all ihr Leichtsinn sie nicht verlassen habe. Ich gehe so neben ihm hin und pflücke Blumen am Wege, füge sie sehr sorgfältig in einen Strauß und – werfe sie in den vorüberfließenden Strom und sehe ihnen nach, wie sie leise hinunterwallen. Ich weiß nicht, ob ich dir geschrieben habe, dass Albert hierbleiben und ein Amt mit einem artigen Auskommen vom Hofe erhalten wird, wo er sehr beliebt ist. In Ordnung und Emsigkeit in Geschäften hab ich wenig seinesgleichen gesehen.

Am 12. Aug.

Gewiss, Albert ist der beste Mensch unter dem Himmel, ich habe gestern eine wunderbare Szene mit ihm gehabt. Ich kam zu ihm, um Abschied zu nehmen, denn mich wandelte die Lust an, ins Gebürg zu reiten, von daher ich dir auch jetzt schreibe, und wie ich in der Stube auf und ab gehe, fallen mir seine Pistolen in die Augen. »Borg mir die Pistolen«, sagt' ich, »zu meiner Reise.« – »Meinetwegen«, sagt' er, »wenn du dir die Mühe geben willst, sie zu laden, bei mir hängen sie nur pro forma.« Ich nahm eine herunter und er fuhr fort: »Seit mir meine Vorsicht einen so unartigen Streich gespielt hat, mag ich mit dem Zeuge nichts mehr zu tun haben.« Ich war neugierig, die Geschichte zu

wissen. »Ich hielte mich«, erzählte er, »wohl ein Vierteljahr auf dem Lande bei einem Freunde auf, hatte ein paar Terzerolen, ohngeladen, und schlief ruhig. Einmal an einem regnichten Nachmittage, da ich so müßig sitze, weiß ich
5 nicht, wie mir einfällt: Wir könnten überfallen werden, wir könnten die Terzerols nötig haben und könnten – du weißt ja, wie das ist. Ich gab sie dem Bedienten, sie zu putzen und zu laden, und der dahlt mit den Mädchen, will sie erschröcken und Gott weiß wie, das Gewehr geht los, da der
10 Ladstock noch drinsteckt, und schießt den Ladstock einem Mädchen zur Maus hinein, an der rechten Hand, und zerschlägt ihr den Daumen. Da hatt ich das Lamentieren und den Barbierer zu bezahlen obendrein und seit der Zeit lass ich all das Gewehr ungeladen. Lieber Schatz, was ist
15 Vorsicht! Die Gefahr lässt sich nicht auslernen! – Zwar –« Nun weißt du, dass ich den Menschen sehr lieb habe bis auf seine Zwar. Denn versteht sich's nicht von selbst, dass jeder allgemeine Satz Ausnahmen leidet. Aber so rechtfertig ist der Mensch, wenn er glaubt etwas Übereiltes, Allge-
20 meines, Halbwahres gesagt zu haben, so hört er dir nicht auf zu limitieren, modifizieren und ab- und zuzutun, bis zuletzt gar nichts mehr an der Sache ist. Und bei diesem Anlasse kam er sehr tief in Text und ich hörte endlich gar nicht weiter auf ihn, verfiel in Grillen und mit einer auffah-
25 renden Gebärde drückt' ich mir die Mündung der Pistolen übers rechte Aug an die Stirn. »Pfui«, sagte Albert, indem er mir die Pistole herabzog, »was soll das!« – »Sie ist nicht geladen«, sagt' ich. »Und auch so! Was soll's?«, versetzt' er ungeduldig. »Ich kann mir nicht vorstellen, wie ein Mensch
30 so töricht sein kann, sich zu erschießen; der bloße Gedanke erregt mir Widerwillen.«

»Dass ihr Menschen«, rief ich aus, »um von einer Sache zu reden, gleich sprechen müsst: Das ist töricht, das ist klug, das ist gut, das ist bös! Und was will das all heißen? Habt ihr
35 deswegen die innern Verhältnisse einer Handlung erforscht? Wisst ihr mit Bestimmtheit die Ursachen zu

Terzerol:
kleine Taschenpistole

dahlen:
herumalbern

Maus:
Handballen

Barbier:
Friseur, der auch ärztlich behandelt

limitieren:
begrenzen

modifizieren:
abwandeln

Grille:
hier Laune

entwickeln, warum sie geschah, warum sie geschehen musste? Hättet ihr das, ihr würdet nicht so eilfertig mit euren Urteilen sein.«

»Du wirst mir zugeben«, sagte Albert, »dass gewisse Handlungen lasterhaft bleiben, sie mögen aus einem Beweggrunde geschehen, aus welchem sie wollen.« 5

Ich zuckte die Achseln und gab's ihm zu. »Doch, mein Lieber«, fuhr ich fort, »finden sich auch hier einige Ausnahmen. Es ist wahr, der Diebstahl ist ein Laster; aber der Mensch, der, um sich und die Seinigen vom schmählichen 10 Hungertode zu erretten, auf Raub ausgeht, verdient der Mitleiden oder Strafe? Wer hebt den ersten Stein auf gegen den Ehemann, der im gerechten Zorne sein untreues Weib und ihren nichtswürdigen Verführer aufopfert? Gegen das Mädchen, das in einer wonnevollen Stunde sich in den un- 15 aufhaltsamen Freuden der Liebe verliert? Unsere Gesetze selbst, diese kaltblütigen Pedanten, lassen sich rühren und halten ihre Strafe zurück.«

»Das ist ganz was anders«, versetzte Albert, »weil ein Mensch, den seine Leidenschaften hinreißen, alle Besin- 20 nungskraft verliert und als ein Trunkener, als ein Wahnsinniger angesehen wird.« – »Ach ihr vernünftigen Leute!«, rief ich lächelnd aus. »Leidenschaft! Trunkenheit! Wahnsinn! Ihr steht so gelassen, so ohne Teilnehmung da, ihr sittlichen Menschen, scheltet den Trinker, verabscheuet 25 den Unsinnigen, geht vorbei wie der Priester und dankt Gott wie der Pharisäer, dass er euch nicht gemacht hat wie einen von diesen. Ich bin mehr als einmal trunken gewesen und meine Leidenschaften waren nie weit vom Wahnsinne und beides reut mich nicht, denn ich habe in meinem Ma- 30 ße begreifen lernen: Wie man alle außerordentlichen Menschen, die etwas Großes, etwas unmöglich Scheinendes würkten, von jeher für Trunkene und Wahnsinnige ausschreien musste.

Aber auch im gemeinen Leben ist's unerträglich, einem 35 Kerl bei halbwegs einer freien, edlen, unerwarteten Tat nachrufen zu hören: ‚Der Mensch ist trunken, der ist närrisch.' Schämt euch, ihr Nüchternen! Schämt euch, ihr Weisen!« – »Das sind nun wieder von deinen Grillen«, sagte Albert. »Du überspannst alles und hast wenigstens hier gewiss Unrecht, dass du den Selbstmord, wovon wir jetzo reden, mit großen Handlungen vergleichst, da man es doch für nichts anders als eine Schwäche halten kann; denn freilich ist es leichter zu sterben, als ein qualvolles Leben standhaft zu ertragen.«

Ich war im Begriffe abzubrechen, denn kein Argument in der Welt bringt mich so aus der Fassung, als wenn einer mit einem unbedeutenden Gemeinspruche angezogen kommt, da ich aus ganzem Herzen rede. Doch fasst' ich mich, weil ich's schon öfter gehört und mich öfter darüber geärgert hatte, und versetzte ihm mit einiger Lebhaftigkeit: »Du nennst das Schwäche! Ich bitte dich, lass dich vom Anscheine nicht verführen. Ein Volk, das unter dem unerträglichen Joche eines Tyrannen seufzt, darfst du das schwach heißen, wenn es endlich aufgärt und seine Ketten zerreißt. Ein Mensch, der über dem Schrecken, dass Feuer sein Haus ergriffen hat, alle Kräfte zusammengespannt fühlt und mit Leichtigkeit Lasten wegträgt, die er bei ruhigem Sinne kaum bewegen kann; einer, der in der Wut der Beleidigung es mit sechsen aufnimmt und sie überwältigt, sind die schwach zu nennen? Und, mein Guter, wenn Anstrengung Stärke ist, warum soll die Überspannung das Gegenteil sein?« Albert sah mich an und sagte: »Nimm mir's nicht übel, die Beispiele, die du da gibst, scheinen hierher gar nicht zu gehören.« – »Es mag sein«, sagt' ich, »man hat mir schon öfter vorgeworfen, dass meine Kombinationsart manchmal ans Radotage grenze! Lasst uns denn sehen, ob wir auf eine andere Weise uns vorstellen können, wie es dem Menschen zumute sein mag, der sich entschließt, die sonst so angenehme Bürde des Lebens abzuwerfen; denn nur insofern wir mitempfinden, haben wir Ehre, von einer Sache zu reden.

Radotage:
zusammenhangloses Gerede

Die menschliche Natur«, fuhr ich fort, »hat ihre Grenzen, sie kann Freude, Leid, Schmerzen bis auf einen gewissen Grad ertragen und geht zugrunde, sobald der überstiegen ist.

Hier ist also nicht die Frage, ob einer schwach oder stark ist, sondern ob er das Maß seines Leidens ausdauern kann, es mag nun moralisch oder physikalisch sein, und ich finde es ebenso wunderbar zu sagen, der Mensch ist feig, der sich das Leben nimmt, als es ungehörig wäre, den einen Feigen zu nennen, der an einem bösartigen Fieber stirbt.«

»Paradox!, sehr paradox!«, rief Albert aus. »Nicht so sehr, als du denkst«, versetzt' ich. »Du gibst mir zu, wir nennen das eine Krankheit zum Tode, wodurch die Natur so angegriffen wird, dass teils ihre Kräfte verzehrt, teils so außer Würkung gesetzt werden, dass sie sich nicht wieder aufzuhelfen, durch keine glückliche Revolution den gewöhnlichen Umlauf des Lebens wiederherzustellen fähig ist.

Nun, mein Lieber, lass uns das auf den Geist anwenden. Sieh den Menschen an in seiner Eingeschränktheit, wie Eindrücke auf ihn würken, Ideen sich bei ihm festsetzen, bis endlich eine wachsende Leidenschaft ihn aller ruhigen Sinneskraft beraubt und ihn zugrunde richtet.

Vergebens, dass der gelassne, vernünftige Mensch den Zustand des Unglücklichen übersieht, vergebens, dass er ihm zuredet, eben als wie ein Gesunder, der am Bette des Kranken steht, ihm von seinen Kräften nicht das Geringste einflößen kann.«

Alberten war das zu allgemein gesprochen; ich erinnerte ihn an ein Mädchen, das man vor weniger Zeit im Wasser tot gefunden, und wiederholt' ihm ihre Geschichte. »Ein gutes junges Geschöpf, das in dem engen Kreise häuslicher Beschäftigungen, wöchentlicher bestimmter Arbeit so herangewachsen war, das weiter keine Aussicht von Vergnügen kannte, als etwa sonntags in einem nach und nach zusammengeschafften Putze mit ihresgleichen um die Stadt spazieren zu gehen, vielleicht alle hohen Feste einmal zu

Revolution:
hier Umkehr

Putz:
schöne Kleidung

tanzen und übrigens mit aller Lebhaftigkeit des herzlichsten Anteils manche Stunde über den Anlass eines Gezänkes, einer übeln Nachrede mit einer Nachbarin zu verplaudern; deren feurige Natur fühlt nun endlich innigere
5 Bedürfnisse, die durch die Schmeicheleien der Männer vermehrt werden, all ihre vorige Freuden werden ihr nach und nach unschmackhaft, bis sie endlich einen Menschen antrifft, zu dem ein unbekanntes Gefühl sie unwiderstehlich hinreißt, auf den sie nun all ihre Hoffnungen wirft, die Welt
10 rings um sich vergisst, nichts hört, nichts sieht, nichts fühlt als ihn, den Einzigen, sich nur sehnt nach ihm, dem Einzigen. Durch die leeren Vergnügen einer unbeständigen Eitelkeit nicht verdorben zieht ihr Verlangen grad nach dem Zwecke: Sie will die Seinige werden, sie will in ewiger Ver-
15 bindung all das Glück antreffen, das ihr mangelt, die Vereinigung aller Freuden genießen, nach denen sie sich sehnte. Wiederholtes Versprechen, das ihr die Gewissheit aller Hoffnungen versiegelt, kühne Liebkosungen, die ihre Begierden vermehren, umfangen ganz ihre Seele, sie schwebt
20 in einem dumpfen Bewusstsein, in einem Vorgefühl aller Freuden, sie ist bis auf den höchsten Grad gespannt, wo sie endlich ihre Arme ausstreckt, all ihre Wünsche zu umfassen – und ihr Geliebter verlässt sie. – Erstarrt, ohne Sinne steht sie vor einem Abgrunde und alles ist Finsternis um
25 sie her, keine Aussicht, kein Trost, keine Ahndung; denn der hat sie verlassen, in dem sie allein ihr Dasein fühlte. Sie sieht nicht die weite Welt, die vor ihr liegt, nicht die vielen, die ihr den Verlust ersetzen könnten, sie fühlt sich allein, verlassen von aller Welt – und blind, in die Enge gepresst
30 von der entsetzlichen Not ihres Herzens, stürzt sie sich hinunter, um in einem rings umfangenden Tode all ihre Qualen zu ersticken. – Sieh, Albert, das ist die Geschichte so manches Menschen, und sag, ist das nicht der Fall der Krankheit? Die Natur findet keinen Ausweg aus dem Laby-
35 rinthe der verworrenen und widersprechenden Kräfte und der Mensch muss sterben.

versiegeln: *hier* sicher machen

Wehe dem, der zusehen und sagen könnte: ›Die Törin!‹, hätte sie gewartet, hätte sie die Zeit würken lassen, es würde sich die Verzweiflung schon gelegt, es würde sich ein anderer, sie zu trösten, schon vorgefunden haben.‹

Das ist eben, als wenn einer sagte: ›Der Tor!, stirbt am Fieber! Hätte er gewartet, bis sich seine Kräfte erholt, seine Säfte verbessert, der Tumult seines Blutes gelegt hätten, alles wäre gut gegangen und er lebte bis auf den heutigen Tag!‹«

Albert, dem die Vergleichung noch nicht anschaulich war, wandte noch einiges ein, und unter andern: Ich habe nur von einem einfältigen Mädchen gesprochen, wie denn aber ein Mensch von Verstande, der nicht so eingeschränkt sei, der mehr Verhältnisse übersähe, zu entschuldigen sein möchte, könne er nicht begreifen. »Mein Freund!«, rief ich aus, »der Mensch ist Mensch und das bisschen Verstand, das einer haben mag, kommt wenig oder nicht in Anschlag, wenn Leidenschaft wütet und die Grenzen der Menschheit einen drängen. Vielmehr – ein andermal davon«, sagt' ich und griff nach meinem Hute. O mir war das Herz so voll – Und wir gingen auseinander, ohne einander verstanden zu haben. Wie denn auf dieser Welt keiner leicht den andern versteht.

Am 15. Aug.

Es ist doch gewiss, dass in der Welt den Menschen nichts notwendig macht als die Liebe. Ich fühl's an Lotten, dass sie mich ungern verlöre, und die Kinder haben keine andre Idee, als dass ich immer morgen wiederkommen würde. Heut war ich hinausgegangen, Lottens Klavier zu stimmen, ich konnte aber nicht dazu kommen, denn die Kleinen verfolgten mich um ein Märchen und Lotte sagte denn selbst, ich sollte ihnen den Willen tun. Ich schnitt ihnen das Abendbrot, das sie nun fast so gerne von mir als von Lotten annehmen, und erzählte ihnen das Hauptstückchen von der Prinzessin, die von Händen bedient wird. Ich lerne

viel dabei, das versichr' ich dich, und ich bin erstaunt, was
es auf sie für Eindrücke macht. Weil ich manchmal einen
Inzidenzpunkt erfinden muss, den ich beim zweiten Mal
vergesse, sagen sie gleich, das vorige Mal wär's anders ge-
5 west, sodass ich mich jetzt übe, sie unveränderlich in einem singenden Silbenfall an einem Schnürchen wegzurezi-
tieren. Ich habe daraus gelernt, wie ein Autor durch eine
zweite, veränderte Auflage seiner Geschichte, und wenn
sie noch so poetisch besser geworden wäre, notwendig sei-
10 nem Buche schaden muss. Der erste Eindruck findet uns
willig und der Mensch ist so gemacht, dass man ihm das
Abenteuerlichste überreden kann, das haftet aber auch
gleich so fest, und wehe dem, der es wieder auskratzen und
austilgen will.

Inzidenzpunkt:
hier Einzelheit

15   Am 18. Aug.

Musste denn das so sein?, dass das, was des Menschen
Glückseligkeit macht, wieder die Quelle seines Elends würde.

Das volle, warme Gefühl meines Herzens an der lebendi-
20 gen Natur, das mich mit so viel Wonne überströmte, das
ringsumher die Welt mir zu einem Paradiese schuf, wird
mir jetzt zu einem unerträglichen Peiniger, zu einem quä-
lenden Geiste, der mich auf allen Wegen verfolgt. Wenn ich
sonst vom Fels über den Fluss bis zu jenen Hügeln das
25 fruchtbare Tal überschaute und alles um mich her keimen
und quellen sah, wenn ich jene Berge vom Fuße bis auf
zum Gipfel mit hohen, dichten Bäumen bekleidet, all jene
Täler in ihren mannigfaltigen Krümmungen von den lieblichsten Wäldern beschattet sah und der sanfte Fluss zwi-
30 schen den lispelnden Rohren dahingleitete und die lieben
Wolken abspiegelte, die der sanfte Abendwind am Himmel
herüberwiegte, wenn ich denn die Vögel um mich den
Wald beleben hörte und die Millionen Mückenschwärme
im letzten roten Strahle der Sonne mutig tanzten und ihr
35 letzter, zuckender Blick den summenden Käfer aus dem

Grase befreite und das Gewebere um mich her mich auf den Boden aufmerksam machte und das Moos, das meinem harten Felsen seine Nahrung abzwingt, und das Geniste, das den dürren Sandhügel hinunterwächst, mir alles das innere, glühende, heilige Leben der Natur eröffnete, 5 wie umfasst' ich das all mit warmem Herzen, verlor mich in der unendlichen Fülle und die herrlichen Gestalten der unendlichen Welt bewegten sich alllebend in meiner Seele. Ungeheure Berge umgaben mich, Abgründe lagen vor mir und Wetterbäche stürzten herunter, die Flüsse strömten 10 unter mir und Wald und Gebürg erklang. Und ich sah sie würken und schaffen ineinander in den Tiefen der Erde, all die Kräfte unergründlich. Und nun über der Erde und unter dem Himmel wimmeln die Geschlechter der Geschöpfe all und alles, alles bevölkert mit tausendfachen Gestalten 15 und die Menschen dann sich in Häuslein zusammen sichern und sich annisten und herrschen in ihrem Sinne über die weite Welt! Armer Tor, der du alles so gering achtest, weil du so klein bist. Vom unzugänglichen Gebürge über die Einöde, die kein Fuß betrat, bis ans Ende des un- 20 bekannten Ozeans weht der Geist des Ewigschaffenden und freut sich jedes Staubs, der ihn vernimmt und lebt. Ach damals, wie oft hab ich mich mit Fittichen eines Kranichs, der über mich hinflog, zu dem Ufer des ungemessenen Meeres gesehnt, aus dem schäumenden Becher des 25 Unendlichen jene schwellende Lebenswonne zu trinken und nur einen Augenblick in der eingeschränkten Kraft meines Busens einen Tropfen der Seligkeit des Wesens zu fühlen, das alles in sich und durch sich hervorbringt. Bruder, nur die Erinnerung jener Stunden macht mir wohl, 30 selbst diese Anstrengung, jene unsäglichen Gefühle zurückzurufen, wieder auszusprechen, hebt meine Seele über sich selbst und lässt mich dann das Bange des Zustands doppelt empfinden, der mich jetzt umgibt. Es hat sich vor meiner Seele wie ein Vorhang weggezogen 35 und der Schauplatz des unendlichen Lebens verwandelt

sich vor mir in den Abgrund des ewig offnen Grabs. Kannst
du sagen: Das ist!, da alles vorübergeht, da alles mit der
Wetterschnelle vorüberrollt, so selten die ganze Kraft seines Daseins ausdauert, ach, in den Strom fortgerissen, un-
5 tergetaucht und an Felsen zerschmettert wird. Da ist kein
Augenblick, der nicht dich verzehrte und die Deinigen um
dich her, kein Augenblick, da du nicht ein Zerstörer bist,
sein musst. Der harmloseste Spaziergang kostet tausend,
tausend armen Würmchen das Leben, es zerrüttet ein
10 Fußtritt die mühseligen Gebäude der Ameisen und stampft
eine kleine Welt in ein schmähliches Grab. Ha!, nicht die
große, seltene Not der Welt, diese Fluten, die eure Dörfer
wegspülen, diese Erdbeben, die eure Städte verschlingen,
rühren mich. Mir untergräbt das Herz die verzehrende
15 Kraft, die im All der Natur verborgen liegt, die nichts gebil-
det hat, das nicht seinen Nachbarn, nicht sich selbst zer-
störte. Und so taumele ich beängstet! Himmel und Erde
und all die webenden Kräfte um mich her! Ich sehe nichts
als ein ewig verschlingendes, ewig wiederkäuendes Unge-
20 heuer.

Am 21. Aug.

Umsonst strecke ich meine Arme nach ihr aus, morgens,
wenn ich von schweren Träumen aufdämmere, vergebens
such ich sie nachts in meinem Bette, wenn mich ein glück-
25 licher, unschuldiger Traum getäuscht hat, als säß ich neben ihr auf der Wiese und hielte ihre Hand und deckte sie
mit tausend Küssen. Ach, wenn ich denn noch halb im
Taumel des Schlafs nach ihr tappe und drüber mich er-
muntere – Ein Strom von Tränen bricht aus meinem ge-
30 pressten Herzen und ich weine trostlos einer finstern Zukunft entgegen.

Am 22. Aug.

Es ist ein Unglück, Wilhelm!, all meine tätigen Kräfte sind
zu einer unruhigen Lässigkeit verstimmt, ich kann nicht

müßig sein und wieder kann ich nichts tun. Ich hab keine Vorstellungskraft, kein Gefühl an der Natur und die Bücher speien mich alle an. Wenn wir uns selbst fehlen, fehlt uns doch alles. Ich schwöre dir, manchmal wünschte ich, ein Taglöhner zu sein, um nur des Morgens beim Erwachen ei- ne Aussicht auf den künftigen Tag, einen Drang, eine Hoffnung zu haben. Oft beneid ich Alberten, den ich über die Ohren in Akten begraben sehe, und bilde mir ein: Mir wär's wohl, wenn ich an seiner Stelle wäre! Schon etliche Mal ist mir's so aufgefahren, ich wollte dir schreiben und dem Minister und um die Stelle bei der Gesandtschaft anhalten, die, wie du versicherst, mir nicht versagt werden würde. Ich glaube es selbst, der Minister liebt mich seit lange, hatte lange mir angelegen, ich sollte mich employieren, und eine Stunde ist mir's auch wohl drum zu tun; hernach, wenn ich so wieder dran denke und mir die Fabel vom Pferde einfällt, das, seiner Freiheit ungeduldig, sich Sattel und Zeug auflegen lässt und zu Schanden geritten wird. Ich weiß nicht, was ich soll – Und, mein Lieber! Ist nicht vielleicht das Sehnen in mir nach Veränderung des Zustands eine innre unbehagliche Ungeduld, die mich überallhin verfolgen wird?

> Am 28. Aug.

Es ist wahr, wenn meine Krankheit zu heilen wäre, so würden diese Menschen es tun. Heut ist mein Geburtstag und in aller Frühe empfang ich ein Päckchen von Alberten. Mir fällt beim Eröffnen sogleich eine der blassroten Schleifen in die Augen, die Lotte vor hatte, als ich sie kennen lernte, und um die ich sie seither etliche Mal gebeten hatte. Es waren zwei Büchelchen in Duodez dabei, der kleine Wetsteinische Homer, ein Büchelchen, nach dem ich so oft verlangt, um mich auf dem Spaziergange mit dem Ernestischen nicht zu schleppen. Sieh!, so kommen sie meinen Wünschen zuvor, so suchen sie all die kleinen Gefälligkeiten der Freundschaft auf, die tausendmal werter

---

Duodez: kleines Buchformat

Wetsteinischer bzw. Ernestischer Homer: Ausgaben der Werke Homers

sind als jene blendenden Geschenke, wodurch uns die Eitelkeit des Gebers erniedrigt. Ich küsse diese Schleife tausendmal und mit jedem Atemzuge schlürfe ich die Erinnerung jener Seligkeiten ein, mit denen mich jene wenigen
5 glücklichen, unwiederbringlichen Tage überfüllten. Wilhelm, es ist so und ich murre nicht, die Blüten des Lebens sind nur Erscheinungen! Wie viele gehn vorüber, ohne eine Spur hinter sich zu lassen, wie wenige setzen Frucht an und wie wenige dieser Früchte werden reif. Und doch sind
10 deren noch genug da und doch – O mein Bruder!, können wir gereifte Früchte vernachlässigen, verachten, ungenossen verwelken und verfaulen lassen?

Lebe wohl! Es ist ein herrlicher Sommer, ich sitze oft auf den Obstbäumen in Lottens Baumstück mit dem Obstbre-
15 cher, der langen Stange, und hole die Birn' aus dem Gipfel. Sie steht unten und nimmt sie ab, wenn ich sie ihr hinunterlasse.

Am 30. Aug.

Unglücklicher! Bist du nicht ein Tor? Betrügst du dich nicht
20 selbst? Was soll all diese tobende, endlose Leidenschaft? Ich habe kein Gebet mehr als an sie, meiner Einbildungskraft erscheint keine andere Gestalt als die ihre und alles in der Welt um mich her sehe ich nur im Verhältnisse mit ihr. Und das macht mir denn so manche glückliche Stunde –
25 Bis ich mich wieder von ihr losreißen muss, ach Wilhelm, wozu mich mein Herz oft drängt! – Wenn ich so bei ihr gesessen bin, zwei, drei Stunden, und mich an der Gestalt, an dem Betragen, an dem himmlischen Ausdruck ihrer Worte geweidet habe und nun so nach und nach alle meine Sinne
30 aufgespannt werden, mir's düster vor den Augen wird, ich kaum was noch höre und mich's an die Gurgel fasst wie ein Meuchelmörder, dann mein Herz in wilden Schlägen den bedrängten Sinnen Luft zu machen sucht und ihre Verwirrung vermehrt. Wilhelm, ich weiß oft nicht, ob ich auf der
35 Welt bin! Und wenn nicht manchmal die Wehmut das

Übergewicht nimmt und Lotte mir den elenden Trost erlaubt, auf ihrer Hand meine Beklemmung auszuweinen, so muss ich fort! Muss hinaus! Und schweife dann weit im Felde umher. Einen gähen Berg zu klettern ist dann meine Freude, durch einen unwegsamen Wald einen Pfad durchzuarbeiten, durch die Hecken, die mich verletzen, durch die Dornen, die mich zerreißen! Da wird mir's etwas besser! Etwas! Und wenn ich vor Müdigkeit und Durst manchmal unterwegs liegen bleibe, manchmal in der tiefen Nacht, wenn der hohe Vollmond über mir steht, im einsamen Walde auf einen krumm gewachsnen Baum mich setze, um meinen verwundeten Sohlen nur einige Linderung zu verschaffen, und dann in einer ermattenden Ruhe in dem Dämmerscheine hinschlummre! O Wilhelm! Die einsame Wohnung einer Zelle, das härne Gewand und der Stachelgürtel wären Labsale, nach denen meine Seele schmachtet. Adieu. Ich seh all dieses Elends kein Ende als das Grab.

Am 3. Sept.

Ich muss fort! Ich danke dir, Wilhelm, dass du meinen wankenden Entschluss bestimmt hast. Schon vierzehn Tage geh ich mit dem Gedanken um, sie zu verlassen. Ich muss. Sie ist wieder in der Stadt bei einer Freundin. Und Albert – und – ich muss fort.

Am 10. Sept.

Das war eine Nacht! Wilhelm, nun übersteh ich alles. Ich werde sie nicht wiedersehn. O dass ich nicht an deinen Hals fliegen, dir mit tausend Tränen und Entzückungen ausdrücken kann, mein Bester, all die Empfindungen, die mein Herz bestürmen. Hier sitz ich und schnappe nach Luft, suche mich zu beruhigen und erwarte den Morgen, und mit Sonnenaufgang sind die Pferde bestellt.
Ach, sie schläft ruhig und denkt nicht, dass sie mich nie wiedersehen wird. Ich habe mich losgerissen, bin stark ge-

---

gäh:
steil

hären:
aus Haaren
gefertigt, rau

nug gewesen, in einem Gespräche von zwei Stunden mein Vorhaben nicht zu verraten. Und Gott, welch ein Gespräch! Albert hatte mir versprochen, gleich nach dem Nachtessen mit Lotten im Garten zu sein. Ich stand auf der Terrasse
5 unter den hohen Kastanienbäumen und sah der Sonne nach, die mir nun zum letzten Mal über dem lieblichen Tale, über dem sanften Flusse unterging. So oft hatte ich hier gestanden mit ihr und ebendem herrlichen Schauspiele zugesehen und nun – Ich ging in der Allee auf und ab, die
10 mir so lieb war; ein geheimer sympathetischer Zug hatte mich hier so oft gehalten, eh ich noch Lotten kannte, und wie freuten wir uns, als im Anfange unserer Bekanntschaft wir die wechselseitige Neigung zu dem Plätzchen entdeckten, das wahrhaftig eins der romantischsten ist, die ich von
15 der Kunst habe hervorgebracht gesehen.

Erst hast du zwischen den Kastanienbäumen die weite Aussicht – Ach, ich erinnere mich, ich habe dir, denk ich, schon viel geschrieben davon, wie hohe Buchenwände einen endlich einschließen und durch ein daranstoßendes
20 Bosquet die Allee immer düsterer wird, bis zuletzt alles sich in ein geschlossenes Plätzchen endigt, das alle Schauer der Einsamkeit umschweben. Ich fühl es noch, wie heimlich mir's ward, als ich zum ersten Mal an einem hohen Mittage hineintrat, ich ahndete ganz leise, was das noch für ein
25 Schauplatz werden sollte von Seligkeit und Schmerz.

Ich hatte mich etwa eine halbe Stunde in den schmachtend süßen Gedanken des Abscheidens, des Wiedersehns geweidet, als ich sie die Terrasse heraufsteigen hörte, ich lief ihnen entgegen, mit einem Schauer fasst' ich ihre Hand
30 und küsste sie. Wir waren eben heraufgetreten, als der Mond hinter dem büschigen Hügel aufging, wir redeten mancherlei und kamen unvermerkt dem düstern Kabinette näher. Lotte trat hinein und setzte sich, Albert neben sie, ich auch, doch meine Unruhe ließ mich nicht lange sitzen,
35 ich stand auf, trat vor sie, ging auf und ab, setzte mich wieder, es war ein ängstlicher Zustand. Sie machte uns

sympathetisch: *hier* anziehend

romantisch: romanhaft

Bosquet: Buschwerk im Park

aufmerksam auf die schöne Würkung des Mondenlichts, das am Ende der Buchenwände die ganze Terrasse vor uns erleuchtete, ein herrlicher Anblick, der umso viel frappanter war, weil uns rings eine tiefe Dämmerung einschloss. Wir waren still und sie fing nach einer Weile an: »Niemals geh ich im Mondenlichte spazieren, niemals, dass mir nicht der Gedanke an meine Verstorbenen begegnete, dass nicht das Gefühl von Tod, von Zukunft über mich käme. Wir werden sein«, fuhr sie mit der Stimme des herrlichsten Gefühls fort, »aber, Werther, sollen wir uns wiederfinden? und wiedererkennen? Was ahnden Sie, was sagen Sie?«

»Lotte«, sagt' ich, indem ich ihr die Hand reichte und mir die Augen voll Tränen wurden, »wir werden uns wiedersehn! Hier und dort wiedersehn!« Ich konnte nicht weiterreden – Wilhelm, musste sie mich das fragen, da ich diesen ängstlichen Abschied im Herzen hatte.

»Und ob die lieben Abgeschiednen von uns wissen«, fuhr sie fort, »ob sie fühlen, wann's uns wohl geht, dass wir mit warmer Liebe uns ihrer erinnern? O die Gestalt meiner Mutter schwebt immer um mich, wenn ich so am stillen Abend unter ihren Kindern, unter meinen Kindern sitze und sie um mich versammlet sind, wie sie um sie versammlet waren. Wenn ich so mit einer sehnenden Träne gen Himmel sehe und wünsche, dass sie hereinschauen könnte einen Augenblick, wie ich mein Wort halte, das ich ihr in der Stunde des Todes gab: die Mutter ihrer Kinder zu sein. Hundertmal ruf ich aus: ›Verzeih mir's, Teuerste, wenn ich ihnen nicht bin, was du ihnen warst. Ach!, tu ich doch alles, was ich kann, sind sie doch gekleidet, genährt, ach, und was mehr ist als das alles, gepflegt und geliebet. Könntest du unsere Eintracht sehn, liebe Heilige!, du würdest mit dem heißesten Danke den Gott verherrlichen, den du mit den letzten, bittersten Tränen um die Wohlfahrt deiner Kinder batst.‹« Sie sagte das! O Wilhelm!, wer kann wiederholen, was sie sagte, wie kann der kalte, tote Buchstabe diese himmlische Blüte des Geistes darstellen. Albert fiel ihr sanft in die Rede: »Es greift Sie zu stark an, liebe Lotte, ich weiß, Ihre Seele hängt sehr nach diesen Ideen, aber ich bitte Sie –« – »O Albert«, sagte sie, »ich weiß, du vergisst nicht die Abende, da wir zusammensaßen an dem kleinen runden Tischchen, wenn der Papa verreist war und wir die Kleinen schlafen geschickt hatten. Du hattest oft ein gutes Buch und kamst so selten dazu, etwas zu lesen. War der Umgang dieser herrlichen Seele nicht mehr als alles!, die schöne, sanfte, muntere und immer tätige Frau! Gott kennt meine Tränen, mit denen ich mich oft in meinem Bette vor mich hinwarf: Er möchte mich ihr gleichmachen.«

»Lotte!«, rief ich aus, indem ich mich vor sie hinwarf, ihre Hände nahm und mit tausend Tränen netzte. »Lotte, der Segen Gottes ruht über dir und der Geist deiner Mutter!« –

»Wenn Sie sie gekannt hätten!«, sagte sie, indem sie mir die Hand drückte, »sie war wert, von Ihnen gekannt zu sein.« Ich glaubte zu vergehen; nie war ein größeres, stolzeres Wort über mich ausgesprochen worden und sie fuhr fort: »Und diese Frau musste in der Blüte ihrer Jahre dahin, da ihr jüngster Sohn nicht sechs Monate alt war. Ihre Krankheit dauerte nicht lange; sie war ruhig, resigniert, nur ihre Kinder taten ihr weh, besonders das kleine. Wie es gegen das Ende ging und sie zu mir sagte: ›Bring mir sie herauf!‹, und wie ich sie hereinführte, die Kleinen, die nicht wussten, und die Ältesten, die ohne Sinne waren, wie sie ums Bett standen und wie sie die Hände aufhub und über sie betete und sie küsste nacheinander und sie wegschickte und zu mir sagte: ›Sei ihre Mutter!‹ Ich gab ihr die Hand drauf! ›Du versprichst viel, meine Tochter‹, sagte sie, ›das Herz einer Mutter und das Aug einer Mutter! Ich hab oft an deinen dankbaren Tränen gesehen, dass du fühlst, was das sei. Hab es für deine Geschwister und für deinen Vater die Treue, den Gehorsam einer Frau. Du wirst ihn trösten.‹ Sie fragte nach ihm, er war ausgegangen, um uns den unerträglichen Kummer zu verbergen, den er fühlte, der Mann war ganz zerrissen.

Albert, du warst im Zimmer! Sie hörte jemand gehn und fragte und forderte dich zu ihr. Und wie sie dich ansah und mich, mit dem getrösteten, ruhigen Blicke, dass wir glücklich sein, zusammen glücklich sein würden.« Albert fiel ihr um den Hals und küsste sie und rief: »Wir sind's! Wir werden's sein.« Der ruhige Albert war ganz aus seiner Fassung und ich wusste nichts von mir selber.

»Werther«, fing sie an, »und diese Frau sollte dahin sein! Gott, wenn ich manchmal so denke, wie man das Liebste seines Lebens so wegtragen lässt und niemand als die Kinder das so scharf fühlt, die sich noch lange beklagten: Die schwarzen Männer hätten die Mama weggetragen.«

Sie stund auf und ich ward erweckt und erschüttert, blieb sitzen und hielt ihre Hand. »Wir wollen fort«, sagte sie, »es wird Zeit.« Sie wollte ihre Hand zurückziehen und ich hielt sie fester! »Wir werden uns wiedersehn«, rief ich, »wir werden uns finden, unter allen Gestalten werden wir uns erkennen. Ich gehe«, fuhr ich fort, »ich gehe willig und doch, wenn ich sagen sollte, auf ewig, ich würde es nicht aushalten. Leb wohl, Lotte! Leb wohl, Albert! Wir sehen uns wieder.« – »Morgen, denk ich«, versetzte sie scherzend, ich fühlte das »Morgen«! Ach, sie wusste nicht, als sie ihre Hand aus der meinigen zog – sie gingen die Allee hinaus, ich stand, sah ihnen nach im Mondscheine und warf mich an die Erde und weinte mich aus und sprang auf, lief auf die Terrasse hervor und sah noch dort drunten im Schatten der hohen Lindenbäume ihr weißes Kleid nach der Gartentüre schimmern, ich streckte meine Arme hinaus und es verschwand.

ZWEITER TEIL

Am 20. Okt. 1771

Gestern sind wird hier angelangt. Der Gesandte ist unpass und wird sich also einige Tage einhalten, wenn er nur nicht so unhold wäre, wär alles gut. Ich merke, ich merke, das Schicksal hat mir harte Prüfungen zugedacht. Doch guten Muts! Ein leichter Sinn trägt alles! Ein leichter Sinn! Das macht mich zu lachen, wie das Wort in meine Feder kommt. O ein bisschen leichteres Blut würde mich zum glücklichsten Menschen unter der Sonne machen. Was! Da, wo andre mit ihrem bisschen Kraft und Talent vor mir in behaglicher Selbstgefälligkeit herumschwadronieren, verzweifl ich an meiner Kraft, an meinen Gaben. Guter Gott!, der du mir das alles schenktest, warum hieltest du nicht die Hälfte zurück und gabst mir Selbstvertrauen und Genügsamkeit!

Geduld! Geduld! Es wird besser werden. Denn ich sage dir, Lieber, du hast Recht. Seit ich unter dem Volke so alle Tage herumgetrieben werde und sehe, was sie tun und wie sie's treiben, steh ich viel besser mit mir selbst. Gewiss, weil wir doch einmal so gemacht sind, dass wir alles mit uns und uns mit allem vergleichen, so liegt Glück oder Elend in den Gegenständen, womit wir uns zusammenhalten, und da ist nichts gefährlicher als die Einsamkeit. Unsere Einbildungskraft, durch ihre Natur gedrungen, sich zu erheben, durch die fantastischen Bilder der Dichtkunst genährt, bildet sich eine Reihe Wesen hinauf, wo wir das unterste sind und alles außer uns herrlicher erscheint, jeder andre vollkommner ist. Und das geht ganz natürlich zu: Wir fühlen so oft, dass uns manches mangelt, und eben was uns fehlt, scheint uns oft ein anderer zu besitzen, dem wir denn auch alles dazugeben, was wir haben, und noch eine gewisse idealische Behaglichkeit dazu. Und so ist der Glückliche vollkommen fertig, das Geschöpf unserer selbst.

sich einhalten: zu Hause bleiben

unhold: unfreundlich

Dagegen wenn wir mit all unserer Schwachheit und Müh-
seligkeit nur gerade fortarbeiten, so finden wir gar oft, dass
wir mit all unserm Schlendern und Lavieren es weiter bringen als andre mit ihren Segeln und Rudern – und – das ist
doch ein wahres Gefühl seiner selbst, wenn man andern ₅
gleich- oder gar vorlauft.

Am 10. Nov.

Ich fange an, mich insofern ganz leidlich hier zu befinden.
Das Beste ist, dass es zu tun genug gibt, und dann die vie-
lerlei Menschen, die allerlei neue Gestalten machen mir ₁₀
ein buntes Schauspiel vor meiner Seele. Ich habe den Grafen C... kennen lernen, einen Mann, den ich jeden Tag
mehr verehren muss. Einen weiten, großen Kopf und der
deswegen nicht kalt ist, weil er viel übersieht; aus dessen
Umgange so viel Empfindung für Freundschaft und Liebe ₁₅
hervorleuchtet. Er nahm teil an mir, als ich einen Ge-
schäftsauftrag an ihn ausrichtete und er bei den ersten
Worten merkte, dass wir uns verstunden, dass er mit mir
reden konnte wie nicht mit jedem. Auch kann ich sein off-
nes Betragen gegen mich nicht genug rühmen. So eine ₂₀
wahre, warme Freude ist nicht in der Welt, als eine große
Seele zu sehen, die sich gegen einen öffnet.

Am 24. Dez.

Der Gesandte macht mir viel Verdruss, ich hab es voraus-
gesehn. Es ist der pünktlichste Narre, den's nur geben kann. ₂₅
Schritt vor Schritt und umständlich wie eine Base. Ein
Mensch, der nie selbst mit sich zufrieden ist und dem's daher niemand zu Danke machen kann. Ich arbeite gern
leicht weg und wie's steht, so steht's, da ist er imstande, mir
einen Aufsatz zurückzugeben und zu sagen: »Er ist gut, ₃₀
aber sehen Sie ihn durch, man find't immer ein besser
Wort, eine reinere Partikel.« Da möcht ich des Teufels werden. Kein Und, kein Bindwörtchen sonst darf außen bleiben und von allen Inversionen, die mir manchmal entfah-

Base:
hier alte Jungfer

ren, ist er ein Todfeind. Wenn man seinen Period nicht nach der hergebrachten Melodie heraborgelt, so versteht er gar nichts drinne. Das ist ein Leiden, mit so einem Menschen zu tun zu haben.

Periode:
hier Satzgefüge

5 Das Vertrauen des Grafen von C... ist noch das Einzige, was mich schadlos hält. Er sagte mir letzthin ganz aufrichtig, wie unzufrieden er über die Langsamkeit und Bedenklichkeit meines Gesandten sei. »Die Leute erschweren sich's und andern. Doch«, sagt' er, »man muss sich darein
10 resignieren wie ein Reisender, der über einen Berg muss. Freilich!, wär der Berg nicht da, wäre der Weg viel bequemer und kürzer, er ist nun aber da!, und es soll drüber!«

sich darein
resignieren:
sich fügen

Mein Alter spürt auch wohl den Vorzug, den mir der Graf vor ihm gibt, und das ärgert ihn und er ergreift jede Gele-
15 genheit, Übels gegen mich vom Grafen zu reden, ich halte, wie natürlich, Widerpart und dadurch wird die Sache nur schlimmer. Gestern gar bracht er mich auf, denn ich war mitgemeint. Zu so Weltgeschäften wäre der Graf ganz gut, er hätte viel Leichtigkeit zu arbeiten und führte eine gute
20 Feder, doch an gründlicher Gelehrsamkeit mangelt es ihm wie all den Belletristen. Darüber hätt ich ihn gern ausgeprügelt, denn weiter ist mit den Kerls nicht zu räsonieren; da das aber nun nicht anging, so focht ich mit ziemlicher Heftigkeit und sagt' ihm, der Graf sei ein Mann, vor dem

Belletrist:
Schöngeist,
Schriftsteller

räsonieren:
diskutieren

25 man Achtung haben müsste, wegen seines Charakters sowohl als seiner Kenntnisse. »Ich habe«, sagt' ich, »niemand gekannt, dem es so geglückt wäre, seinen Geist zu erweitern, ihn über unzählige Gegenstände zu verbreiten und doch die Tätigkeit fürs gemeine Leben zu behalten.« Das
30 waren dem Gehirn spanische Dörfer und ich empfahl mich, um nicht über ein weiteres Déraisonnement noch mehr Galle zu schlucken.

Déraisonnement:
frz. Geschwätz

Und daran seid ihr all schuld, die ihr mich in das Joch geschwatzt und mir so viel von Aktivität vorgesungen habt.
35 Aktivität! Wenn nicht der mehr tut, der Kartoffeln steckt und in die Stadt reitet, sein Korn zu verkaufen, als ich, so

will ich zehn Jahre noch mich auf der Galeere abarbeiten, auf der ich nun angeschmiedet bin.

Und das glänzende Elend, die Langeweile unter dem garstigen Volke, das sich hier nebeneinandersieht. Die Rangsucht unter ihnen, wie sie nur wachen und aufpassen, einander ein Schrittchen abzugewinnen, die elendesten, erbärmlichsten Leidenschaften, ganz ohne Röckchen! Da ist ein Weib, zum Exempel, die jedermann von ihrem Adel und ihrem Lande unterhält, dass nun jeder Fremde denken muss: Das ist eine Närrin, die sich auf das bisschen Adel und auf den Ruf ihres Landes Wunderstreiche einbildet. – Aber es ist noch viel ärger, eben das Weib ist hier aus der Nachbarschaft eine Amtschreiberstochter. – Sieh, ich kann das Menschengeschlecht nicht begreifen, das so wenig Sinn hat, um sich so platt zu prostituieren.

Zwar ich merke täglich mehr, mein Lieber, wie töricht man ist, andre nach sich zu berechnen. Und weil ich so viel mit mir selbst zu tun habe und dieses Herz und Sinn so stürmisch ist, ach ich lasse gern die andern ihres Pfades gehen, wenn sie mich nur auch könnten gehn lassen.

Was mich am meisten neckt, sind die fatalen bürgerlichen Verhältnisse. Zwar weiß ich so gut als einer, wie nötig der Unterschied der Stände ist, wie viel Vorteile er mir selbst verschafft, nur soll er mir nicht eben grad im Wege stehn, wo ich noch ein wenig Freude, einen Schimmer von Glück auf dieser Erden genießen könnte. Ich lernte neulich auf dem Spaziergange ein Fräulein von B... kennen, ein liebenswürdiges Geschöpf, das sehr viele Natur mitten in dem steifen Leben erhalten hat. Wir gefielen uns in unserm Gespräche, und da wir schieden, bat ich sie um Erlaubnis, sie bei sich sehen zu dürfen. Sie gestattete mir das mit so viel Freimütigkeit, dass ich den schicklichen Augenblick kaum erwarten konnte, zu ihr zu gehen. Sie ist nicht von hier und wohnt bei einer Tante im Hause. Die Physiognomie der alten Schachtel gefiel mir nicht. Ich bezeigte ihr viel Aufmerksamkeit, mein Gespräch war meist an sie ge-

sich prostituieren: *hier* sich zur Schau stellen

Natur: *hier* Natürlichkeit

wandt und in minder als einer halben Stunde hatte ich so
ziemlich weg, was mir das Fräulein nachher selbst gestund:
dass die liebe Tante in ihrem Alter und dem Mangel von
allem, vom anständigen Vermögen an bis auf den Geist,
5 keine Stütze hat als die Reihe ihrer Vorfahren, keinen
Schirm als den Stand, in dem sie sich verpalisadiert, und   sich
kein Ergötzen, als von ihrem Stockwerk herab über die bür-   verpalisadieren:
gerlichen Häupter wegzusehen. In ihrer Jugend soll sie   sich verschanzen
schön gewesen sein und ihr Leben so weggegaukelt, erst
10 mit ihrem Eigensinne manchen armen Jungen gequält und
in reifern Jahren sich unter den Gehorsam eines alten Offi-
ziers geduckt haben, der gegen diesen Preis und einen leid-
lichen Unterhalt das eh'rne Jahrhundert mit ihr zubrachte
und starb, und nun sieht sie im eisernen sich allein und
15 würde nicht angesehn, wär ihre Nichte nicht so liebens-
würdig.

Den 8. Jan. 1772

Was das für Menschen sind, deren ganze Seele auf dem Zeremoniell ruht, deren Dichten und Trachten jahrelang da-   Zeremoniell:
20 hin geht, wie sie um einen Stuhl weiter hinauf bei Tische   höfische Verhal-
sich einschieben wollen. Und nicht, dass die Kerls sonst   tensregeln; *hier*
keine Angelegenheit hätten, nein, vielmehr häufen sich die   Etikette, äußer-
Arbeiten, eben weil man über die kleinen Verdrüßlichkei-   liches Getue
ten von Beförderung der wichtigen Sachen abgehalten
25 wird. Vorige Woche gab's bei der Schlittenfahrt Händel und   Händel:
der ganze Spaß wurde verdorben.   Streit
Die Toren, die nicht sehen, dass es eigentlich auf den Platz
gar nicht ankommt und dass der, der den ersten hat, so selten die erste Rolle spielt! Wie mancher König wird durch
30 seinen Minister, wie mancher Minister durch seinen Sekre-
tär regiert. Und wer ist dann der Erste? Der, dünkt mich,
der die andern übersieht und so viel Gewalt oder List hat,   übersehen:
ihre Kräfte und Leidenschaften zur Ausführung seiner Plä-   durchschauen
ne anzuspannen.

Am 20. Jan.

Ich muss Ihnen schreiben, liebe Lotte, hier in der Stube einer geringen Bauernherberge, in die ich mich vor einem schweren Wetter geflüchtet habe. Solange ich in dem traurigen Neste D... unter dem fremden, meinem Herzen ganz fremden Volke herumziehe, hab ich keinen Augenblick gehabt, keinen, an dem mein Herz mich geheißen hätte, Ihnen zu schreiben. Und jetzt in dieser Hütte, in dieser Einsamkeit, in dieser Einschränkung, da Schnee und Schloßen wider mein Fensterchen wüten, hier waren Sie mein erster Gedanke. Wie ich hereintrat, überfiel mich Ihre Gestalt, Ihr Andenken. O Lotte!, so heilig, so warm! Guter Gott!, der erste glückliche Augenblick wieder.

Wenn Sie mich sähen, meine Beste, in dem Schwall von Zerstreuung! Wie ausgetrocknet meine Sinnen werden, nicht *einen* Augenblick der Fülle des Herzens, nicht *eine* selige, tränenreiche Stunde! Nichts! Nichts! Ich stehe wie vor einem Raritätenkasten und sehe die Männchen und Gäulchen vor mir herumrücken und frage mich oft, ob's nicht optischer Betrug ist. Ich spiele mit, vielmehr, ich werde gespielt wie eine Marionette und fasse manchmal meinen Nachbarn an der hölzernen Hand und schaudere zurück.

Ein einzig weiblich Geschöpf hab ich hier gefunden. Eine Fräulein von B... Sie gleicht Ihnen, liebe Lotte, wenn man Ihnen gleichen kann. »Ei!«, werden Sie sagen, »der Mensch legt sich auf niedliche Komplimente!« Ganz unwahr ist's nicht. Seit einiger Zeit bin ich sehr artig, weil ich doch nicht anders sein kann, habe viel Witz und die Frauenzimmer sagen, es wüsste niemand so fein zu loben als ich (»und zu lügen«, setzen Sie hinzu, denn ohne das geht's nicht ab, verstehen Sie). Ich wollte von Fräulein B... reden! Sie hat viel Seele, die voll aus ihren blauen Augen hervorblickt, ihr Stand ist ihr zur Last, der keinen der Wünsche ihres Herzens befriedigt. Sie sehnt sich aus dem Getümmel und wir verfantasieren manche Stunde in ländlichen Szenen von ungemischter Glückseligkeit, ach!, und von Ihnen! Wie oft

margin notes:
Schloßen: Hagelkörner

Raritätenkasten: Guckkasten auf Jahrmärkten

muss sie Ihnen huldigen. Muss nicht, tut's freiwillig, hört so gern von Ihnen, liebt Sie –

O säß ich zu Ihren Füßen in dem lieben, vertraulichen Zimmerchen und unsere kleinen Lieben wälzten sich miteinander um mich herum und wenn sie Ihnen zu laut würden, wollt' ich sie mit einem schauerlichen Märchen um mich zur Ruhe versammlen. Die Sonne geht herrlich unter über der schneeglänzenden Gegend, der Sturm ist hinübergezogen. Und ich – muss mich wieder in meinen Käfig sperren. Adieu! Ist Albert bei Ihnen! Und wie –? Gott verzeihe mir diese Frage!

Am 17. Febr.

Ich fürchte, mein Gesandter und ich halten's nicht lange mehr zusammen aus. Der Mensch ist ganz und gar unerträglich. Seine Art zu arbeiten und Geschäfte zu treiben ist so lächerlich, dass ich mich nicht enthalten kann ihm zu widersprechen und oft eine Sache nach meinem Kopfe und Art zu machen, das ihm denn, wie natürlich, niemals recht ist. Darüber hat er mich neulich bei Hofe verklagt und der Minister gab mir einen zwar sanften Verweis, aber es war doch ein Verweis und ich stand im Begriffe, meinen Abschied zu begehren, als ich einen Privatbrief* von ihm erhielt, einen Brief, vor dem ich mich niedergekniet und den hohen, edlen, weisen Sinn angebetet habe, wie er meine allzu große Empfindlichkeit zurechteweist, wie er meine überspannte Ideen von Würksamkeit, von Einfluss auf andre, von Durchdringen in Geschäften als jugendlichen guten Mut zwar ehrt, sie nicht auszurotten, nur zu mildern und dahin zu leiten sucht, wo sie ihr wahres Spiel haben, ihre kräftige Würkung tun können. Auch bin ich auf acht

---

* *Man hat aus Ehrfurcht für diesen trefflichen Mann gedachten Brief und einen andern, dessen weiter hinten erwähnt wird, dieser Sammlung entzogen, weil man nicht glaubte, solche Kühnheit durch den wärmsten Dank des Publikums entschuldigen zu können.*

Tage gestärkt und in mir selbst einig geworden. Die Ruhe der Seele ist ein herrlich Ding und die Freude an sich selbst, lieber Freund, wenn nur das Ding nicht ebenso zerbrechlich wäre, als es schön und kostbar ist.

Am 20. Febr.

Gott segne euch, meine Lieben, geb euch all die guten Tage, die er mir abzieht.

Ich danke dir, Albert, dass du mich betrogen hast, ich wartete auf Nachricht, wann euer Hochzeittag sein würde, und hatte mir vorgenommen, feierlichst an demselben Lottens Schattenriss von der Wand zu nehmen und sie unter andere Papiere zu begraben. Nun seid ihr ein Paar und ihr Bild ist noch hier! Nun, so soll's bleiben! Und warum nicht? Ich weiß, ich bin ja auch bei euch, bin, dir unbeschadet, in Lottens Herzen. Habe, ja ich habe den zweiten Platz drinne und will und muss ihn behalten. O ich würde rasend werden, wenn sie vergessen könnte – Albert, in dem Gedanken liegt eine Hölle. Albert! Leb wohl. Leb wohl, Engel des Himmels, leb wohl, Lotte!

Am 15. März

Ich hab einen Verdruss gehabt, der mich von hier wegtreiben wird, ich knirsche mit den Zähnen! Teufel! Er ist nicht zu ersetzen und ihr seid doch allein schuld daran, die ihr mich sporntet und triebt und quältet, mich in einen Posten zu begeben, der nicht nach meinem Sinne war. Nun hab ich's, nun habt ihr's. Und dass du nicht wieder sagst, meine überspannten Ideen verdürben alles, so hast du hier, lieber Herr, eine Erzählung, plan und nett, wie ein Chronikenschreiber das aufzeichnen würde.

Der Graf von C. liebt mich, distinguiert mich, das ist bekannt, das hab ich dir schon hundertmal gesagt. Nun war ich bei ihm zu Tische gestern, eben an dem Tage, da abends die noble Gesellschaft von Herren und Frauen bei ihm zusammenkommt, an die ich nie gedacht hab, auch

plan:
einfach

distinguieren:
hier auszeichnen

mir nie aufgefallen ist, dass wir Subalternen nicht hinein-
gehören. Gut. Ich speise beim Grafen und nach Tische
gehn wir im großen Saale auf und ab, ich rede mit ihm, mit
dem Obrist B., der dazukommt, und so rückt die Stunde
5 der Gesellschaft heran. Ich denke, Gott weiß, an nichts. Da
tritt herein die übergnädige Dame von S... mit dero Herrn
Gemahl und wohl ausgebrüteten Gänslein Tochter mit der
flachen Brust und niedlichem Schnürleib, machen en passant ihre hergebrachten hochadligen Augen und Naslöcher
10 und wie mir die Nation von Herzen zuwider ist, wollt ich
eben mich empfehlen und wartete nur, bis der Graf vom
garstigen Gewäsche frei wäre, als eben meine Fräulein B...
hereintrat; da mir denn das Herz immer ein bisschen auf-
geht, wenn ich sie sehe, blieb ich eben, stellte mich hinter
15 ihren Stuhl und bemerkte erst nach einiger Zeit, dass sie
mit weniger Offenheit als sonst, mit einiger Verlegenheit
mit mir red'te. Das fiel mir auf. Ist sie auch wie all das Volk,
dacht ich, hol sie der Teufel!, und war angestochen und
wollte gehn und doch blieb ich, weil ich intrigiert war, das
20 Ding näher zu beleuchten. Über dem füllt sich die Gesellschaft. Der Baron F... mit der ganzen Garderobe von den
Krönungszeiten Franz des Ersten her, der Hofrat R..., hier
aber in qualitate Herr von R... genannt, mit seiner tauben
Frau etc., den übel fournierten J... nicht zu vergessen, bei
25 dessen Kleidung Reste des Altfränkischen mit dem neu'st
Aufgebrachten kontrastieren etc., das kommt all, und ich
rede mit einigen meiner Bekanntschaft, die alle sehr lakonisch sind, ich dachte – und gab nur auf meine B... Acht.
Ich merkte nicht, dass die Weiber am Ende des Saals sich
30 in die Ohren pisperten, dass es auf die Männer zirkulierte,
dass Frau von S... mit dem Grafen red'te (das alles hat mir
Fräulein B... nachher erzählt), bis endlich der Graf auf mich
losging und mich in ein Fenster nahm. »Sie wissen«, sagt'
er, »unsere wunderbaren Verhältnisse, die Gesellschaft ist
35 unzufrieden, merk ich, Sie hier zu sehn, ich wollte nicht
um alles –« – »Ihro Exzellenz«, fiel ich ein, »ich bitte

Subalterner:
Untergebener

en passant:
im Vorbeigehen

Franz I. (1708–
1765), 1745 zum
Kaiser gekrönt

in qualitate:
unter Berücksich-
tigung seines
Amtes

fourniert:
ausgestattet

lakonisch:
kurz angebunden

tausendmal um Verzeihung, ich hätte eher dran denken sollen und ich weiß, Sie verzeihen mir diese Inkonsequenz, ich wollte schon vorhin mich empfehlen, ein böser Genius hat mich zurückgehalten«, setzte ich lächelnd hinzu, indem ich mich neigte. Der Graf drückte meine Hände mit einer Empfindung, die alles sagte. Ich machte der vornehmen Gesellschaft mein Kompliment, ging und setzte mich in ein Kabriolett und fuhr nach M..., dort vom Hügel die Sonne untergehen zu sehen und dabei in meinem Homer den herrlichen Gesang zu lesen, wie Ulyss von dem trefflichen Schweinhirten bewirtet wird. Das war all gut.

Des Abends komm ich zurück zu Tische. Es waren noch wenige in der Gaststube, die würfelten auf einer Ecke, hatten das Tischtuch zurückgeschlagen. Da kommt der ehrliche A... hinein, legt seinen Hut nieder, indem er mich ansieht, tritt zu mir und sagt leise: »Du hast Verdruss gehabt?« – »Ich?«, sagt' ich. »Der Graf hat dich aus der Gesellschaft gewiesen.« – »Hol sie der Teufel«, sagt' ich, »mir war's lieb, dass ich in die freie Luft kam.« – »Gut«, sagt' er, »dass du's auf die leichte Achsel nimmst. Nur verdrießt mich's. Es ist schon überall herum.« Da fing mich das Ding erst an zu wurmen. Alle, die zu Tische kamen und mich ansahen, dacht ich, die sehen dich darum an! Das fing an, mir böses Blut zu setzen.

Und da man nun heute gar, wo ich hintrete, mich bedauert, da ich höre, dass meine Neider nun triumphieren und sagen: Da sähe man's, wo's mit den Übermütigen hinausging, die sich ihres bisschen Kopfs überhüben und glaubten, sich darum über alle Verhältnisse hinaussetzen zu dürfen, und was des Hundegeschwätzes mehr ist. Da möchte man sich ein Messer ins Herz bohren. Denn man rede von Selbstständigkeit, was man will, den will ich sehn, der dulden kann, dass Schurken über ihn reden, wenn sie eine Prise über ihn haben. Wenn ihr Geschwätz leer ist, ach!, da kann man sie leicht lassen.

Es hetzt mich alles! Heut treff ich die Fräulein B... in der Allee. Ich konnte mich nicht enthalten, sie anzureden und ihr, sobald wir etwas entfernt von der Gesellschaft waren, meine Empfindlichkeit über ihr neuliches Betragen zu zeigen. »O Werther«, sagte sie mit einem innigen Tone, »konnten Sie meine Verwirrung so auslegen, da Sie mein Herz kennen. Was ich gelitten habe um Ihrentwillen von dem Augenblicke an, da ich in den Saal trat! Ich sah alles voraus, hundertmal saß mir's auf der Zunge, es Ihnen zu sagen, ich wusste, dass die von S... und T... mit ihren Männern eher aufbrechen würden, als in Ihrer Gesellschaft zu bleiben, ich wusste, dass der Graf es nicht mit ihnen verderben darf, und jetzo der Lärm.« – »Wie, Fräulein?«, sagt' ich und verbarg meinen Schrecken, denn alles, was Adelin mir ehgestern gesagt hatte, lief mir wie siedend Wasser durch die Adern in diesem Augenblicke. »Was hat mich's schon gekostet!«, sagte das süße Geschöpf, indem ihr die Tränen in den Augen stunden. Ich war nicht Herr mehr von mir selbst, war im Begriff, mich ihr zu Füßen zu werfen. »Erklären Sie sich«, ruft' ich. Die Tränen liefen ihr die Wangen herunter, ich war außer mir. Sie trocknete sie ab, ohne sie verbergen zu wollen. »Meine Tante kennen Sie«, fing sie an; »sie war gegenwärtig und hat, o mit was für Augen hat sie das angesehn. Werther, ich habe gestern Nacht ausgestanden und heute früh eine Predigt über meinen Umgang mit Ihnen und ich habe müssen zuhören Sie herabsetzen, erniedrigen und konnte und durfte Sie nur halb verteidigen.«

Jedes Wort, das sie sprach, ging mir wie Schwerter durchs Herz. Sie fühlte nicht, welche Barmherzigkeit es gewesen wäre, mir das alles zu verschweigen, und nun fügte sie noch all dazu, was weiter würde geträtscht werden, was die schlechten Kerls alle darüber triumphieren würden. Wie man nunmehro meinen Übermut und Geringschätzung andrer, das sie mir schon lange vorwerfen, gestraft,

ehgestern: vorgestern

erniedrigt ausschreien würde. Das alles, Wilhelm, von ihr zu hören mit der Stimme der wahrsten Teilnehmung. Ich war zerstört und bin noch wütend in mir. Ich wollte, dass sich einer unterstünde, mir's vorzuwerfen, dass ich ihm den Degen durch den Leib stoßen könnte! Wenn ich Blut sähe, würde mir's besser werden. Ach, ich hab hundertmal ein Messer ergriffen, um diesem gedrängten Herzen Luft zu machen. Man erzählt von einer edlen Art Pferde, die, wenn sie schröcklich erhitzt und aufgejagt sind, sich selbst aus Instinkt eine Ader aufbeißen, um sich zum Atem zu helfen. So ist mir's oft, ich möchte mir eine Ader öffnen, die mir die ewige Freiheit schaffte.

Am 24. März

Dimission: Entlassung

Permission: Erlaubnis

in einem Säftchen: *hier* schonend

Geheimrat: *hier* Beamter im Kanzlei- und Rechnungswesen

Ich habe meine Dimission bei Hofe verlangt und werde sie, hoff ich, erhalten und ihr werdet mir verzeihen, dass ich nicht erst Permission dazu bei euch geholt habe. Ich musste nun einmal fort und was ihr zu sagen hattet, um mir das Bleiben einzureden, weiß ich all und also – Bring das meiner Mutter in einem Säftchen bei, ich kann mir selbst nicht helfen, also mag sie sich's gefallen lassen, wenn ich ihr auch nicht helfen kann. Freilich muss es ihr weh tun. Den schönen Lauf, den ihr Sohn grad zum Geheimderat und Gesandten ansetzte, so auf einmal Halte zu sehen und rückwärts mit dem Tierchen in Stall. Macht nun draus, was ihr wollt, und kombiniert die möglichen Fälle, unter denen ich hätte bleiben können und sollen. Genug, ich gehe. Und damit ihr wisst, wo ich hinkomme, so ist hier der Fürst ***, der viel Geschmack an meiner Gesellschaft findet, der hat mich gebeten, da er von meiner Absicht hörte, mit ihm auf seine Güter zu gehen und den schönen Frühling da zuzubringen. Ich soll ganz mir selbst gelassen sein, hat er mir versprochen, und da wir uns zusammen bis auf einen gewissen Punkt verstehn, so will ich's denn auf gut Glück wagen und mit ihm gehn.

Zur Nachricht

Danke für deine beiden Briefe. Ich antwortete nicht, weil
ich diesen Brief liegen ließ, bis mein Abschied von Hofe da
5 wäre, weil ich fürchtete, meine Mutter möchte sich an den
Minister wenden und mir mein Vorhaben erschweren. Nun
aber ist's geschehen, mein Abschied ist da. Ich mag euch
nicht sagen, wie ungern man mir ihn gegeben hat und was
mir der Minister schreibt, ihr würdet in neue Lamentatio-
10 nen ausbrechen. Der Erbprinz hat mir zum Abschiede
fünfundzwanzig Dukaten geschickt, mit einem Wort, das
mich bis zu Tränen gerührt hat. Also braucht die Mutter
mir das Geld nicht zu schicken, um das ich neulich schrieb.

Lamentation:
Klage

Am 5. Mai

15 Morgen geh ich von hier ab, und weil mein Geburtsort nur
sechs Meilen vom Wege liegt, so will ich den auch wiedersehen, will mich der alten, glücklich verträumten Tage erinnern. Zu ebendem Tore will ich hineingehn, aus dem
meine Mutter mit mir herausfuhr, als sie nach dem Tode
20 meines Vaters den lieben, vertraulichen Ort verließ, um
sich in ihre unerträgliche Stadt einzusperren. Adieu, Wilhelm, du sollst von meinem Zuge hören.

Am 9. Mai

Ich habe die Wallfahrt nach meiner Heimat mit aller An-
25 dacht eines Pilgrims vollendet und manche unerwarteten
Gefühle haben mich ergriffen. An der großen Linde, die eine Viertelstunde vor der Stadt nach S... zu steht, ließ ich
halten, stieg aus und hieß den Postillon fortfahren, um zu
Fuße jede Erinnerung ganz neu, lebhaft nach meinem Her-
30 zen zu kosten. Da stand ich nun unter der Linde, die ehe-
dessen als Knabe das Ziel und die Grenze meiner Spaziergänge gewesen. Wie anders! Damals sehnt' ich mich in
glücklicher Unwissenheit hinaus in die unbekannte Welt,
wo ich für mein Herz alle die Nahrung, all den Genuss

Pilgrim:
Pilger

Postillon:
Fahrer einer
Post- und
Personenkutsche

hoffte, dessen Ermangeln ich so oft in meinem Busen fühlte. Jetzt kam ich zurück aus der weiten Welt – O mein Freund, mit wie viel fehlgeschlagenen Hoffnungen, mit wie viel zerstörten Planen! – Ich sah das Gebürge vor mir liegen, das so tausendmal der Gegenstand meiner Wünsche 5 gewesen. Stundenlang konnte ich hier sitzen und mich hinübersehen, mit inniger Seele mich in den Wäldern, den Tälern verlieren, die sich meinen Augen so freundlich dämmernd darstellten – und wenn ich denn um die bestimmte Zeit wieder zurückmusste, mit welchem Widerwillen verließ 10 ich nicht den lieben Platz! Ich kam der Stadt näher, alle alten bekannten Gartenhäuschen wurden von mir gegrüßt, die neuen waren mir zuwider, so auch alle Veränderungen, die man sonst vorgenommen hatte. Ich trat zum Tore hinein und fand mich doch gleich und ganz wieder. Lieber, ich 15 mag nicht ins Detail gehn, so reizend, als es mir war, so einförmig würde es in der Erzählung werden. Ich hatte beschlossen, auf dem Markte zu wohnen, gleich neben unserm alten Hause. Im Hingehen bemerkte ich, dass die Schulstube, wo ein ehrlich altes Weib unsere Kindheit zu- 20 sammengepfercht hatte, in einen Kram verwandelt war. Ich erinnerte mich der Unruhe, der Tränen, der Dumpfheit des Sinnes, der Herzensangst, die ich in dem Loche ausgestanden hatte – Ich tat keinen Schritt, der nicht merkwürdig war. Ein Pilger im heiligen Lande trifft nicht so viel 25 Stätten religioser Erinnerung und seine Seele ist schwerlich so voll heiliger Bewegung. – Noch eins für tausend. Ich ging den Fluss hinab bis an einen gewissen Hof, das war sonst auch mein Weg, und die Plätzchen, da wir Knaben uns übten, die meisten Sprünge der flachen Steine im Was- 30 ser hervorzubringen. Ich erinnere mich so lebhaft, wenn ich manchmal stand und dem Wasser nachsah, mit wie wunderbaren Ahndungen ich das verfolgte, wie abenteuerlich ich mir die Gegenden vorstellte, wo es nun hinflösse, und wie ich da so bald Grenzen meiner Vorstellungskraft 35 fand, und doch musste das weitergehn, immer weiter, bis

Kram: Kramladen

ich mich ganz in dem Anschauen einer unsichtbaren Ferne verlor. Siehe, mein Lieber, das ist doch ebendas Gefühl der herrlichen Altväter! Wenn Ulyss von dem ungemessenen Meere und von der unendlichen Erde spricht, ist das nicht wahrer, menschlicher, inniger, als wenn jetzo jeder Schulknabe sich Wunder weise dünkt, wenn er nachsagen kann, dass sie rund sei.

Nun bin ich hier auf dem fürstlichen Jagdschlosse. Es lässt sich noch ganz wohl mit dem Herrn leben, er ist ganz wahr und einfach. Was mir noch manchmal leid tut, ist, dass er oft über Sachen red't, die er nur gehört und gelesen hat, und zwar aus ebendem Gesichtspunkte, wie sie ihm der andere darstellen mochte.

Auch schätzt er meinen Verstand und Talente mehr als dies Herz, das doch mein einziger Stolz ist, das ganz allein die Quelle von allem ist, aller Kraft, aller Seligkeit und allen Elends. Ach, was ich weiß, kann jeder wissen. – Mein Herz hab ich allein.

Am 25. Mai

Ich hatte etwas im Kopfe, davon ich euch nichts sagen wollte, bis es ausgeführt wäre, jetzt, da nichts draus wird, ist's ebenso gut. Ich wollte in Krieg! Das hat mir lang am Herzen gelegen. Vornehmlich darum bin ich dem Fürsten hieher gefolgt, der General in ***schen Diensten ist. Auf einem Spaziergange entdeckte ich ihm mein Vorhaben, er widerriet mir's und es müsste bei mir mehr Leidenschaft als Grille gewesen sein, wenn ich seinen Gründen nicht hätte Gehör geben wollen.

Am 11. Juni

Sag, was du willst, ich kann nicht länger bleiben. Was soll ich hier? Die Zeit wird mir lang. Der Fürst hält mich wie seinesgleichen gut und doch bin ich nicht in meiner Lage. Und dann, wir haben im Grunde nichts Gemeines miteinander. Er ist ein Mann von Verstande, aber von ganz

in meiner Lage:
an meinem rechten Platz

Gemeines:
Gemeinsames

gemeinem Verstande, sein Umgang unterhält mich nicht mehr, als wenn ich ein wohlgeschrieben Buch lese. Noch acht Tage bleib ich und dann zieh ich wieder in der Irre herum. Das Beste, was ich hier getan habe, ist mein Zeichnen. Und der Fürst fühlt in der Kunst und würde noch stärker fühlen, wenn er nicht durch das garstige wissenschaftliche Wesen und durch die gewöhnliche Terminologie eingeschränkt wäre. Manchmal knirsch ich mit den Zähnen, wenn ich ihn mit warmer Imagination so an Natur und Kunst herumführe und er's auf einmal recht gut zu machen denkt, wenn er mit einem gestempelten Kunstworte dreintölpelt.

Am 18. Juni

Wo ich hinwill? Das lass dir im Vertrauen eröffnen. Vierzehn Tage muss ich doch noch hier bleiben und dann hab ich mir weisgemacht, dass ich die Bergwerke im ***schen besuchen wollte, ist aber im Grunde nichts dran, ich will nur Lotten wieder näher, das ist alles. Und ich lache über mein eigen Herz – und tu ihm seinen Willen.

Am 29. Juli

Nein, es ist gut! Es ist alles gut! Ich ihr Mann! O Gott, der du mich machtest, wenn du mir diese Seligkeit bereitet hättest, mein ganzes Leben sollte ein anhaltendes Gebet sein. Ich will nicht rechten und verzeih mir diese Tränen, verzeih mir meine vergeblichen Wünsche. – Sie meine Frau! Wenn ich das liebste Geschöpf unter der Sonne in meine Arme geschlossen hätte – Es geht mir ein Schauder durch den ganzen Körper, Wilhelm, wenn Albert sie um den schlanken Leib fasst.

Und, darf ich's sagen? Warum nicht, Wilhelm, sie wäre mit mir glücklicher geworden als mit ihm! O er ist nicht der Mensch, die Wünsche dieses Herzens alle zu füllen. Ein gewisser Mangel an Fühlbarkeit, ein Mangel – nimm's, wie du willst, dass sein Herz nicht sympathetisch schlägt bei – oh!

– bei der Stelle eines lieben Buchs, wo mein Herz und Lottens in einem zusammentreffen. In hundert andern Vorfällen, wenn's kommt, dass unsere Empfindungen über eine Handlung eines Dritten laut werden. Lieber Wilhelm! –
5 Zwar er liebt sie von ganzer Seele und so eine Liebe, was verdient die nicht –
Ein unerträglicher Mensch hat mich unterbrochen. Meine Tränen sind getrocknet. Ich bin zerstreut. Adieu, Lieber.

Am 4. Aug.

10 Es geht mir nicht allein so. Alle Menschen werden in ihren Hoffnungen getäuscht, in ihren Erwartungen betrogen. Ich besuchte mein gutes Weib unter der Linde. Der ältste Bub lief mir entgegen, sein Freudengeschrei führte die Mutter herbei, die sehr niedergeschlagen aussah. Ihr erstes Wort
15 war: »Guter Herr!, ach, mein Hans ist mir gestorben« – es war der jüngste ihrer Knaben, ich war stille – »und mein Mann«, sagte sie, »ist aus der Schweiz zurück und hat nichts mitgebracht und ohne gute Leute hätte er sich herausbetteln müssen. Er hatte das Fieber kriegt unterwegs.«
20 Ich konnte ihr nichts sagen und schenkte dem Kleinen was, sie bat mich, einige Äpfel anzunehmen, das ich tat und den Ort des traurigen Andenkens verließ.

Am 21. Aug.

Wie man eine Hand umwendet, ist's anders mit mir.
25 Manchmal will so ein freudiger Blick des Lebens wieder aufdämmern, ach, nur für einen Augenblick! Wenn ich mich so in Träumen verliere, kann ich mich des Gedankens nicht erwehren: Wie, wenn Albert stürbe! Du würdest!, ja sie würde – und dann lauf ich dem Hirngespinste nach, bis
30 es mich an Abgründe führt, vor denen ich zurückbebe.
Wenn ich so dem Tore hinausgehe, den Weg, den ich zum ersten Mal fuhr, Lotten zum Tanze zu holen, wie war das all so anders! Alles, alles ist vorübergegangen! Kein Wink der vorigen Welt, kein Pulsschlag meines damaligen

Gefühls. Mir ist's, wie's einem Geiste sein müsste, der in das versengte, verstörte Schloss zurückkehrte, das er als blühender Fürst einst gebaut und, mit allen Gaben der Herrlichkeit ausgestattet, sterbend seinem geliebten Sohne hoffnungsvoll hinterlassen.

Am 3. September

Ich begreife manchmal nicht, wie sie ein anderer lieb haben kann, lieb haben darf, da ich sie so ganz allein, so innig, so voll liebe, nichts anders kenne noch weiß noch habe als sie.

Am 6. September

Es hat schwer gehalten, bis ich mich entschloss, meinen blauen, einfachen Frack, in dem ich mit Lotten zum ersten Mal tanzte, abzulegen, er ward aber zuletzt gar unscheinbar. Auch hab ich mir einen machen lassen, ganz wie den vorigen, Kragen und Aufschlag und auch wieder so gelbe West und Hosen dazu.
Ganz will's es doch nicht tun. Ich weiß nicht – Ich denke, mit der Zeit soll mir der auch lieber werden.

Am 15. Sept.

Man möchte sich dem Teufel ergeben, Wilhelm, über all die Hunde, die Gott auf Erden duldet, ohne Sinn und Gefühl an dem Wenigen, was drauf noch was wert ist. Du kennst die Nussbäume, unter denen ich bei dem ehrlichen Pfarrer zu St... mit Lotten gesessen, die herrlichen Nussbäume, die mich, Gott weiß, immer mit dem größten Seelenvergnügen füllten. Wie vertraulich sie den Pfarrhof machten, wie kühl, und wie herrlich die Äste waren. Und die Erinnerung bis zu den guten Kerls von Pfarrers, die sie vor so viel Jahren pflanzten. Der Schulmeister hat uns den einen Namen oft genannt, den er von seinem Großvater gehört hatte, und so ein braver Mann soll er gewesen sein und sein Andenken war mir immer heilig unter den Bäumen. Ich sage dir, dem Schulmeister standen die Tränen in den Augen, da wir gestern davon redeten, dass sie abgehauen worden – abgehauen! Ich möchte rasend werden, ich könnte den Hund ermorden, der den ersten Hieb dran

5 tat. Ich, der ich könnte mich vertrauren, wenn so ein paar Bäume in meinem Hofe stünden und einer davon stürbe vor Alter ab, ich muss so zusehn. Lieber Schatz, eins ist doch dabei! Was Menschengefühl ist! Das ganze Dorf murrt und ich hoffe, die Frau Pfarrern soll's an Butter und

10 Eiern und übrigem Zutrauen spüren, was für eine Wunde sie ihrem Orte gegeben hat. Denn sie ist's, die Frau des neuen Pfarrers (unser alter ist auch gestorben), ein hageres, kränkliches Tier, das sehr Ursache hat, an der Welt keinen Anteil zu nehmen, denn niemand nimmt Anteil an ihr. Ei-

15 ne Fratze, die sich abgibt, gelehrt zu sein, sich in die Untersuchung des Kanons meliert, gar viel an der neumodischen, moralisch-kritischen Reformation des Christentums arbeitet und über Lavaters Schwärmereien die Achseln zuckt, eine ganz zerrüttete Gesundheit hat und auf Gottes

20 Erdboden deswegen keine Freude. So ein Ding war's auch allein, um meine Nussbäume abzuhauen. Siehst du, ich komme nicht zu mir! Stelle dir vor, die abfallenden Blätter machen ihr den Hof unrein und dumpfig, die Bäume nehmen ihr das Tageslicht, und wenn die Nüsse reif sind, so

25 werfen die Knaben mit Steinen darnach und das fällt ihr auf die Nerven und das stört sie in ihren tiefen Überlegungen, wenn sie Kennikot, Semler und Michaelis gegeneinander abwiegt. Da ich die Leute im Dorfe, besonders die Alten, so unzufrieden sah, sagt' ich: »Warum habt ihr's ge-

30 litten?« – »Wenn der Schulz will, hierzulande«, sagten sie, »was kann man machen.« Aber eins ist recht geschehn, der Schulz und der Pfarrer, der doch auch von seiner Frauen Grillen, die ihm so die Suppen nicht fett machen, etwas haben wollte, dachten's miteinander zu teilen, da erfuhr's

35 die Kammer und sagte: »Hier herein!«, und verkaufte die Bäume an den Meistbietenden. Sie liegen! O wenn ich

Kanon: kirchlich anerkannte Bücher der Bibel

sich melieren: sich einmischen

Kennikot, Semler, Michaelis: Vertreter aufklärerischer Ideologie

Schulz: Gemeindevorsteher

Kammer: fürstliche Finanzbehörde

Fürst wäre! Ich wollt' die Pfarrern, den Schulzen und die Kammer – Fürst! – Ja wenn ich Fürst wäre, was kümmerten mich die Bäume in meinem Lande.

Am 10. Oktober

Wenn ich nur ihre schwarzen Augen sehe, ist mir's schon 5
wohl! Sieh, und was mich verdrüßt, ist, dass Albert nicht so beglückt zu sein scheinet, als er – hoffte – als ich – zu sein glaubte – wenn – Ich mache nicht gern Gedankenstriche, aber hier kann ich mich nicht anders ausdrücken – und mich dünkt, deutlich genug. 10

Am 12. Oktober

Ossian hat in meinem Herzen den Homer verdrängt. Welch eine Welt, in die der Herrliche mich führt. Zu wandern über die Heide, umsaust vom Sturmwinde, der in dampfenden Nebeln die Geister der Väter im dämmernden Lich- 15
te des Mondes hinführt. Zu hören vom Gebürge her, im Gebrülle des Waldstroms, halb verwehtes Ächzen der Geister aus ihren Höhlen und die Wehklagen des zu Tode gejammerten Mädchens um die vier moosbedeckten, grasbewachsnen Steine des Edelgefallnen, ihres Geliebten. Wenn 20
ich ihn denn finde, den wandelnden grauen Barden, der auf der weiten Heide die Fußtapfen seiner Väter sucht und ach!, ihre Grabsteine findet. Und dann jammernd nach dem lieben Sterne des Abends hinblickt, der sich ins rollende Meer verbirgt, und die Zeiten der Vergangenheit in 25
des Helden Seele lebendig werden, da noch der freundliche Strahl den Gefahren der Tapfern leuchtete und der Mond ihr bekränztes, siegrückkehrendes Schiff beschien. Wenn ich so den tiefen Kummer auf seiner Stirne lese, so den letzten verlassnen Herrlichen in aller Ermattung dem Gra- 30
be zuwanken sehe, wie er immer neue, schmerzlich glühende Freuden in der kraftlosen Gegenwart der Schatten seiner Abgeschiedenen einsaugt und nach der kalten Erde, dem hohen, wehenden Grase niedersieht und ausruft:

Barde: Dichter und Sänger, *hier* Ossian

»Der Wanderer wird kommen, kommen, der mich kannte in meiner Schönheit, und fragen: ›Wo ist der Sänger, Fingals trefflicher Sohn?‹ Sein Fußtritt geht über mein Grab hin und er fragt vergebens nach mir auf der Erde.« O

5 Freund!, ich möchte, gleich einem edlen Waffenträger, das Schwert ziehen und meinen Fürsten von der zückenen Qual des langsam absterbenden Lebens auf einmal befreien und dem befreiten Halbgott meine Seele nachsenden.

Fingal: Vater des Ossian in James Macphersons Werk *Die Gesänge des Ossian*

Am 19. Oktober

10 Ach diese Lücke! Diese entsetzliche Lücke, die ich hier in meinem Busen fühle! Ich denke oft: Wenn du sie nur einmal, nur einmal an dieses Herz drücken könntest! All diese Lücke würde ausgefüllt sein.

Am 26. Oktober

15 Ja, es wird mir gewiss, Lieber!, gewiss und immer gewisser, dass an dem Dasein eines Geschöpfs so wenig gelegen ist, ganz wenig. Es kam eine Freundin zu Lotten und ich ging herein ins Nebenzimmer, ein Buch zu nehmen, und konnte nicht lesen und dann nahm ich eine Feder, zu schreiben.

20 Ich hörte sie leise reden, sie erzählten einander insofern unbedeutende Sachen, Stadtneuigkeiten: Wie diese heiratet, wie jene krank, sehr krank ist. »Sie hat einen trocknen Husten, die Knochen stehn ihr zum Gesichte heraus und kriegt Ohnmachten, ich gebe keinen Kreuzer für ihr Le-

25 ben«, sagte die eine. »Der N. N. ist auch so übel dran«, sagte Lotte. »Er ist schon geschwollen«, sagte die andere. Und meine lebhafte Einbildungskraft versetzte mich ans Bette dieser Armen, ich sah sie, mit welchem Widerwillen sie dem Leben den Rücken wandten, wie sie – Wilhelm, und

30 meine Weibchens redeten davon, wie man eben davon redt, dass ein Fremder stirbt. – Und wenn ich mich umsehe und seh das Zimmer an und rings um mich Lottens Kleider, hier ihre Ohrringe auf dem Tischchen und Alberts Skripturen und diese Möbel, denen ich nun so befreundet

Skriptur: Schriftstück

bin, sogar diesem Dintefass, und denke: Sieh, was du nun diesem Hause bist! Alles in allem. Deine Freunde ehren dich! Du machst oft ihre Freude und deinem Herzen scheint's, als wenn es ohne sie nicht sein könnte, und doch – wenn du nun gingst?, wenn du aus diesem Kreise schiedest, würden sie?, wie lange würden sie die Lücke fühlen, die dein Verlust in ihr Schicksal reißt?, wie lang? – O so vergänglich ist der Mensch, dass er auch da, wo er seines Daseins eigentliche Gewissheit hat, da, wo er den einzigen wahren Eindruck seiner Gegenwart macht, in dem Andenken, in der Seele seiner Lieben, dass er auch da verlöschen, verschwinden muss und das – so bald!

Am 27. Oktober

Ich möchte mir oft die Brust zerreißen und das Gehirn einstoßen, dass man einander so wenig sein kann. Ach, die Liebe und Freude und Wärme und Wonne, die ich nicht hinzubringe, wird mir der andre nicht geben und mit einem ganzen Herzen voll Seligkeit werd ich den andern nicht beglücken, der kalt und kraftlos vor mir steht.

Am 30. Oktober

Wenn ich nicht schon hundertmal auf dem Punkte gestanden bin, ihr um den Hals zu fallen. Weiß der große Gott, wie einem das tut, so viel Liebenswürdigkeit vor sich herumkreuzen zu sehn und nicht zugreifen zu dürfen. Und das Zugreifen ist doch der natürlichste Trieb der Menschheit. Greifen die Kinder nicht nach allem, was ihnen in Sinn fällt? Und ich?

Am 3. November

Weiß Gott, ich lege mich so oft zu Bette mit dem Wunsche, ja manchmal mit der Hoffnung, nicht wieder zu erwachen, und morgens schlag ich die Augen auf, sehe die Sonne wieder und bin elend. O dass ich launisch sein könnte, könnte die Schuld aufs Wetter, auf einen Dritten, auf eine fehlge-

schlagene Unternehmung schieben; so würde die unerträgliche Last des Unwillens doch nur halb auf mir ruhen. Weh mir, ich fühle zu wahr, dass an mir allein alle Schuld liegt, – nicht Schuld! Genug, dass in mir die Quelle alles
5 Elendes verborgen ist, wie es ehemals die Quelle aller Seligkeiten war. Bin ich nicht noch ebenderselbe, der ehemals in aller Fülle der Empfindung herumschwebte, dem auf jedem Tritte ein Paradies folgte, der ein Herz hatte, eine ganze Welt liebevoll zu umfassen. Und das Herz ist jetzo tot,
10 aus ihm fließen keine Entzückungen mehr, meine Augen sind trocken und meine Sinne, die nicht mehr von erquickenden Tränen gelabt werden, ziehen ängstlich meine Stirne zusammen. Ich leide viel, denn ich habe verloren, was meines Lebens einzige Wonne war, die heilige, bele-
15 bende Kraft, mit der ich Welten um mich schuf. Sie ist dahin! – Wenn ich zu meinem Fenster hinaus an den fernen Hügel sehe, wie die Morgensonne über ihn her den Nebel durchbricht und den stillen Wiesengrund bescheint und der sanfte Fluss zwischen seinen entblätterten Weiden zu
20 mir her schlängelt, o wenn da diese herrliche Natur so starr vor mir steht wie ein lackiert Bildchen und all die Wonne keinen Tropfen Seligkeit aus meinem Herzen herauf in das Gehirn pumpen kann und der ganze Kerl vor Gottes Angesicht steht wie ein versiegter Brunn', wie ein verlechter Ei-
25 mer! Ich habe mich so oft auf den Boden geworfen und Gott um Tränen gebeten, wie ein Ackersmann um Regen, wenn der Himmel ehern über ihm ist und um ihn die Erde verdürstet.

Aber, ach ich fühl's! Gott gibt Regen und Sonnenschein
30 nicht unserm ungestümen Bitten, und jene Zeiten, deren Andenken mich quält, warum waren sie so selig? Als weil ich mit Geduld seinen Geist erwartete und die Wonne, die er über mich ausgoss, mit ganzem, innig dankbarem Herzen aufnahm.

verlecht:
rissig, undicht

Sie hat mir meine Exzesse vorgeworfen! Ach, mit so viel Liebenswürdigkeit! Meine Exzesse, dass ich mich manchmal von einem Glas Wein verleiten lasse, eine Bouteille zu trinken. »Tun Sie's nicht!«, sagte sie, »denken Sie an Lotten!« – »Denken!«, sagt' ich, »brauchen Sie mir das zu heißen? Ich denke! – Ich denke nicht! Sie sind immer vor meiner Seele. Heut saß ich an dem Flecke, wo Sie neulich aus der Kutsche stiegen –« Sie red'te was anders, um mich nicht tiefer in den Text kommen zu lassen. Bester, ich bin dahin! Sie kann mit mir machen, was sie will.

Am 15. Nov.

Ich danke dir, Wilhelm, für deinen herzlichen Anteil, für deinen wohlmeinenden Rat und bitte dich, ruhig zu sein. Lass mich ausdulden, ich habe bei all meiner Müdseligkeit noch Kraft genug durchzusetzen. Ich ehre die Religion, das weißt du, ich fühle, dass sie manchem Ermatteten Stab, manchem Verschmachtenden Erquickung ist. Nur – kann sie denn, muss sie denn das einem jeden sein? Wenn du die große Welt ansiehst, so siehst du Tausende, denen sie's nicht war, Tausende, denen sie's nicht sein wird, gepredigt oder ungepredigt, und muss sie mir's denn sein? Sagt nicht selbst der Sohn Gottes, dass die um ihn sein würden, die ihm der Vater gegeben hat. Wenn ich ihm nun nicht gegeben bin! Wenn mich nun der Vater für sich behalten will, wie mir mein Herz sagt! Ich bitte dich, lege das nicht falsch aus, sieh nicht etwa Spott in diesen unschuldigen Worten, es ist meine ganze Seele, die ich dir vorlege. Sonst wollt' ich lieber, ich hätte geschwiegen, wie ich denn über all das, wovon jedermann so wenig weiß als ich, nicht gern ein Wort verliere. Was ist's anders als Menschenschicksal, sein Maß auszuleiden, seinen Becher auszutrinken! – Und ward der Kelch dem Gott vom Himmel auf seiner Menschenlippe zu bitter, warum soll ich großtun und mich stellen, als schmeckte er mir süße. Und warum sollte ich mich schä-

Müdseligkeit:
Lebensmüdigkeit

Kelch:
Anspielung auf
die Leidens-
geschichte von
Jesus Christus

men in dem schröcklichen Augenblicke, da mein ganzes Wesen zwischen Sein und Nichtsein zittert, da die Vergangenheit wie ein Blitz über dem finstern Abgrunde der Zukunft leuchtet und alles um mich her versinkt und mit mir
5 die Welt untergeht. – Ist es da nicht die Stimme der ganz in sich gedrängten, sich selbst ermangelnden und unaufhaltsam hinabstürzenden Kreatur, in den innern Tiefen ihrer vergebens aufarbeitenden Kräfte zu knirschen: Mein Gott! Mein Gott!, warum hast du mich verlassen? Und sollt' ich
10 mich des Ausdrucks schämen, sollte mir's vor dem Augenblicke bange sein, da ihm der nicht entging, der die Himmel zusammenrollt wie ein Tuch.

Mein Gott! […]: Ausruf Jesu am Kreuz

Am 21. Nov.

Sie sieht nicht, sie fühlt nicht, dass sie ein Gift bereitet, das
15 mich und sie zugrunde richten wird. Und ich mit voller Wollust schlurfe den Becher aus, den sie mir zu meinem Verderben reicht. Was soll der gütige Blick, mit dem sie mich oft – oft? – nein, nicht oft, aber doch manchmal ansieht, die Gefälligkeit, womit sie einen unwillkürlichen Aus-
20 druck meines Gefühls aufnimmt, das Mitleiden mit meiner Duldung, das sich auf ihrer Stirne zeichnet.
Gestern, als ich wegging, reichte sie mir die Hand und sagte: »Adieu, lieber Werther!« Lieber Werther! Es war das erste Mal, dass sie mich Lieber hieß, und mir ging's durch
25 Mark und Bein. Ich hab mir's hundertmal wiederholt und gestern Nacht, da ich ins Bette gehen wollte und mit mir selbst allerlei schwatzte, sag ich so auf einmal: »Gute Nacht, lieber Werther!« Und musste hernach selbst über mich lachen.

30 Am 24. Nov.

Sie fühlt, was ich dulde. Heut ist mir ihr Blick tief durchs Herz gedrungen. Ich fand sie allein. Ich sagte nichts und sie sah mich an. Und ich sah nicht mehr in ihr die liebliche Schönheit, nicht mehr das Leuchten des trefflichen Geis-

tes; das war all vor meinen Augen verschwunden. Ein weit
herrlicherer Blick würkte auf mich, voll Ausdruck des innigsten Anteils, des süß'ten Mitleidens. Warum durft ich
mich nicht ihr zu Füßen werfen! Warum durft ich nicht an
ihrem Halse mit tausend Küssen antworten! – Sie nahm ih-   5
re Zuflucht zum Klaviere und hauchte mit süßer, leiser
Stimme harmonische Laute zu ihrem Spiele. Nie hab ich
ihre Lippen so reizend gesehn, es war, als wenn sie sich
lechzend öffneten, jene süßen Töne in sich zu schlürfen,
die aus dem Instrumente hervorquollen, und nur der   10
heimliche Widerschall aus dem süßen Munde zurückkläng-
ge – Ja, wenn ich dir das so sagen könnte! Ich widerstund
nicht länger, neigte mich und schwur: Nie will ich's wagen,
einen Kuss euch einzudrücken, Lippen, auf denen die Geister des Himmels schweben – Und doch – ich will – Ha!,   15
siehst du, das steht wie eine Scheidewand vor meiner Seele
– diese Seligkeit – und dann untergegangen, die Sünde ab-
zubüßen – Sünde?

Am 30. Nov.

Ich soll, ich soll nicht zu mir selbst kommen, wo ich hintre-   20
te, begegnet mir eine Erscheinung, die mich aus aller Fassung bringt. Heut! O Schicksal! O Menschheit!
Ich gehe an dem Wasser hin in der Mittagsstunde, ich hatte
keine Lust zu essen. Alles war so öde, ein nasskalter Abendwind blies vom Berge und die grauen Regenwolken zogen   25
das Tal hinein. Von ferne seh ich einen Menschen in einem
grünen, schlechten Rocke, der zwischen den Felsen her-
umkrabbelte und Kräuter zu suchen schien. Als ich näher
zu ihm kam und er sich auf das Geräusch, das ich machte,
herumdrehte, sah ich eine gar interessante Physiognomie,   30
darin eine stille Trauer den Hauptzug machte, die aber
sonst nichts als einen graden, guten Sinn ausdrückte, seine
schwarzen Haare waren mit Nadeln in zwei Rollen gesteckt
und die übrigen in einen starken Zopf geflochten, der ihm
den Rücken herunterhing. Da mir seine Kleidung einen   35

Menschen von geringem Stande zu bezeichnen schien, glaubt' ich, er würde es nicht übel nehmen, wenn ich auf seine Beschäftigung aufmerksam wäre, und daher fragte ich ihn, was er suchte. »Ich suche«, antwortete er mit einem tiefen Seufzer, »Blumen – und finde keine.« – »Das ist auch die Jahreszeit nicht«, sagt' ich lächelnd. »Es gibt so viel Blumen«, sagt' er, indem er zu mir herunterkam. »In meinem Garten sind Rosen und Jelängerjelieber zweierlei Sorten, eine hat mir mein Vater gegeben, sie wachsen wie's Unkraut, ich suche schon zwei Tage darnach und kann sie nicht finden. Da haußen sind auch immer Blumen, gelbe und blaue und rote, und das Tausendgüldenkraut hat ein schön Blümchen. Keines kann ich finden.« Ich merkte was Unheimliches und drum fragte ich durch einen Umweg: »Was will Er denn mit den Blumen?« Ein wunderbares, zuckendes Lächlen verzog sein Gesicht. »Wenn Er mich nicht verraten will«, sagt' er, indem er den Finger auf den Mund drückte, »ich habe meinem Schatze einen Strauß versprochen.« – »Das ist brav«, sagt' ich. »Oh«, sagt' er, »sie hat viel andre Sachen, sie ist reich.« – »Und doch hat sie Seinen Strauß lieb«, versetzt' ich. »Oh!«, fuhr er fort, »sie hat Juwelen und eine Krone.« – »Wie heißt sie denn?« – »Wenn mich die Generalstaaten bezahlen wollten!«, versetzte er, »ich wär ein anderer Mensch! Ja, es war einmal eine Zeit, da mir's so wohl war. Jetzt ist's aus mit mir, ich bin nun –« Ein nasser Blick zum Himmel drückte alles aus. »Er war also glücklich?«, fragt' ich. »Ach ich wollt', ich wäre wieder so!«, sagt' er, »da war mir's so wohl, so lustig, so leicht wie ein Fisch im Wasser!« – »Heinrich!«, rufte eine alte Frau, die den Weg herkam. »Heinrich, wo steckst du. Wir haben dich überall gesucht. Komm zum Essen.« – »Ist das Euer Sohn?«, fragt' ich, zu ihr tretend. »Wohl, mein armer Sohn«, versetzte sie. »Gott hat mir ein schweres Kreuz aufgelegt.« – »Wie lang ist er so?«, fragt' ich. »So stille«, sagte sie, »ist er nun ein halb Jahr. Gott sei Dank, dass es nur so weit ist. Vorher war er ein ganz Jahr rasend, da hat er an

Generalstaaten: Niederlande

Ketten im Tollhause gelegen. Jetzt tut er niemand nichts, nur hat er immer mit Königen und Kaisern zu tun. Es war ein so guter, stiller Mensch, der mich ernähren half, seine schöne Hand schrieb und auf einmal wird er tiefsinnig, fällt in ein hitzig Fieber, daraus in Raserei und nun ist er, wie Sie ihn sehen. Wenn ich Ihm erzählen sollt', Herr –« Ich unterbrach ihren Strom von Erzählungen mit der Frage, was denn das für eine Zeit wäre, von der er so rühmte, dass er so glücklich, so wohl darin gewesen wäre. »Der törige Mensch«, rief sie mit mitleidigem Lächeln, »da meint er die Zeit, da er von sich war, das rühmt er immer! Das ist die Zeit, da er im Tollhause war, wo er nichts von sich wusste –« Das fiel mir auf wie ein Donnerschlag, ich drückte ihr ein Stück Geld in die Hand und verließ sie eilend.

»Da du glücklich warst!«, rief ich aus, schnell vor mich hin nach der Stadt zu gehend. »Da dir's wohl war wie einem Fisch im Wasser! – Gott im Himmel! Hast du das zum Schicksal der Menschen gemacht, dass sie nicht glücklich sind, als eh sie zu ihrem Verstande kommen und wenn sie ihn wieder verlieren! Elender!, und auch wie beneid ich deinen Trübsinn, die Verwirrung deiner Sinne, in der du verschmachtest! Du gehst hoffnungsvoll aus, deiner Königin Blumen zu pflücken – im Winter – und traurest, da du keine findest, und begreifst nicht, warum du keine finden kannst. Und ich – und ich gehe ohne Hoffnung, ohne Zweck heraus und kehr wieder heim, wie ich gekommen bin. – Du wähnst, welcher Mensch du sein würdest, wenn die Generalstaaten dich bezahlten. Seliges Geschöpf, das den Mangel seiner Glückseligkeit einem irdischen Hindernis zuschreiben kann. – Du fühlst nicht! Du fühlst nicht!, dass in deinem zerstörten Herzen, in deinem zerrütteten Gehirne dein Elend liegt, wovon alle Könige der Erde dir nicht helfen können.«

Müsse der trostlos umkommen, der eines Kranken spottet, der nach der entferntesten Quelle reist, die seine Krankheit vermehren, sein Ausleben schmerzhafter machen wird,

der sich über das bedrängte Herz erhebt, das, um seine Ge-
wissensbisse loszuwerden und die Leiden seiner Seele abzutun, seine Pilgrimschaft nach dem heiligen Grabe tut!
Jeder Fußtritt, der seine Sohlen auf ungebahntem Wege
5 durchschneidet, ist ein Lindrungstropfen der geängsteten
Seele und mit jeder ausgedauerten Tagreise legt sich das
Herz um viel Bedrängnis leichter nieder. – Und dürft ihr
das Wahn nennen – Ihr Wortkrämer auf euren Polstern –   Wortkrämer:
Wahn! – O Gott!, du siehst meine Tränen – Musstest du,   Schwätzer
10 der du den Menschen arm genug erschufst, ihm auch Brü-
der zugeben, die ihm das bisschen Armut, das bisschen
Vertrauen noch raubten, das er auf dich hat, auf dich, du
Allliebender! Denn das Vertrauen zu einer heilenden Wur-
zel, zu den Tränen des Weinstocks, was ist's als Vertrauen
15 zu dir, dass du in alles, was uns umgibt, Heil- und Lin-
drungskraft gelegt hast, der wir so stündlich bedürfen. –
Vater, den ich nicht kenne! Vater, der sonst meine ganze
Seele füllte und nun sein Angesicht von mir gewendet hat!
Rufe mich zu dir! Schweige nicht länger! Dein Schweigen
20 wird diese durstende Seele nicht aufhalten – Und würde
ein Mensch, ein Vater zürnen können, dem sein unvermutet rückkehrender Sohn um den Hals fiele und rief: »Ich bin
wieder da, mein Vater. Zürne nicht, dass ich die Wander-
schaft abbreche, die ich nach deinem Willen länger aushal-
25 ten sollte. Die Welt ist überall einerlei, auf Müh und Arbeit
Lohn und Freude; aber was soll mir das? Mir ist nur wohl,
wo du bist, und vor deinem Angesichte will ich leiden und
genießen.« – Und du, lieber himmlischer Vater, solltest ihn
von dir weisen?

30   Am 1. Dez.

Wilhelm!, der Mensch, von dem ich dir schrieb, der glückliche Unglückliche, war Schreiber bei Lottens Vater und eine
unglückliche Leidenschaft zu ihr, die er nährte, verbarg,
entdeckte und aus dem Dienst geschickt wurde, hat ihn ra-
35 send gemacht. Fühle, Kerl, bei diesen trocknen Worten,

mit welchem Unsinne mich die Geschichte ergriffen hat, da mir sie Albert ebenso gelassen erzählte, als du's vielleicht liesest.

Am 4. Dez.

Ich bitte dich – siehst du, mit mir ist's aus – Ich trag das all 5
nicht länger. Heut saß ich bei ihr – saß, sie spielte auf ihrem Klavier, manchfaltige Melodien, und all den Ausdruck!, all!, all! – Was willst du? – Ihr Schwesterchen putzte ihre Puppe auf meinem Knie. Mir kamen die Tränen in die Augen. Ich neigte mich und ihr Trauring fiel mir ins Gesicht – 10
Meine Tränen flossen – Und auf einmal fiel sie in die alte, himmelsüße Melodie ein, so auf einmal, und mir durch die Seele gehn ein Trostgefühl und eine Erinnerung all des Vergangenen, all der Zeiten, da ich das Lied gehört, all der düstern Zwischenräume des Verdrusses, der fehlgeschla- 15
genen Hoffnungen und dann – Ich ging in der Stube auf und nieder, mein Herz erstickte unter all dem. »Um Gottes willen«, sagt' ich, mit einem heftigen Ausbruch hin gegen sie fahrend, »um Gottes willen, hören Sie auf.« Sie hielt und sah mich starr an. »Werther«, sagte sie mit einem Lächlen, 20
das mir durch die Seele ging, »Werther, Sie sind sehr krank, Ihre Lieblingsgerichte widerstehen Ihnen. Gehen Sie! Ich bitte Sie, beruhigen Sie sich.« Ich riss mich von ihr weg und – Gott!, du siehst mein Elend und wirst es enden.

Am 6. Dez. 25

Wie mich die Gestalt verfolgt. Wachend und träumend füllt sie meine ganze Seele. Hier, wenn ich die Augen schließe, hier in meiner Stirne, wo die innere Sehkraft sich vereinigt, stehen ihre schwarzen Augen. Hier! Ich kann dir's nicht ausdrücken. Mach ich meine Augen zu, so sind sie 30
da, wie ein Meer, wie ein Abgrund ruhen sie vor mir, in mir, füllen die Sinne meiner Stirne.
Was ist der Mensch?, der gepriesene Halbgott! Ermangeln ihm nicht da eben die Kräfte, wo er sie am nötigsten

fiel mir ins Gesicht:
hier fiel mir auf

braucht? Und wenn er in Freude sich aufschwingt oder im Leiden versinkt, wird er nicht in beiden eben da aufgehalten, eben da wieder zu dem stumpfen, kalten Bewusstsein zurückgebracht, da er sich in der Fülle des Unendlichen zu
5 verlieren sehnte.

Am 8. Dez.

Lieber Wilhelm, ich bin in einem Zustande, in dem jene Unglücklichen müssen gewesen sein, von denen man glaubte, sie würden von einem bösen Geiste umhergetrie-
10 ben. Manchmal ergreift mich's, es ist nicht Angst, nicht Begier! Es ist ein inneres unbekanntes Toben, das meine Brust zu zerreißen droht, das mir die Gurgel zupresst! Wehe! Wehe! Und dann schweif ich umher in den furchtbaren nächtlichen Szenen dieser menschenfeindlichen Jahr'szeit.
15 Gestern Nacht musst ich hinaus. Ich hatte noch abends gehört, der Fluss sei übergetreten und die Bäche all und von Wahlheim herunter all mein liebes Tal überschwemmt. Nachts nach eilf rannt ich hinaus. Ein fürchterliches Schauspiel. Vom Fels herunter die wühlenden Fluten in dem
20 Mondlichte wirbeln zu sehn, über Äcker und Wiesen und Hecken und alles und das weite Tal hinauf und hinab eine stürmende See im Sausen des Windes. Und wenn denn der Mond wieder hervortrat und über der schwarzen Wolke ruhte und vor mir hinaus die Flut in fürchterlich herrlichen
25 Widerschein rollte und klang, da überfiel mich ein Schauer und wieder ein Sehnen! Ach! Mit offenen Armen stand ich gegen den Abgrund und atmete hinab!, hinab und verlor mich in der Wonne, all meine Qualen, all mein Leiden da hinabzustürmen, dahinzubrausen wie die Wellen. Oh! Und
30 den Fuß vom Boden zu heben vermochtest du nicht und alle Qualen zu enden! – Meine Uhr ist noch nicht ausgelaufen – ich fühl's! O Wilhelm, wie gern hätt ich all mein Menschsein drum gegeben, mit jenem Sturmwinde die Wolken zu zerreißen, die Fluten zu fassen. Ha! Und wird

nicht vielleicht dem Eingekerkerten einmal diese Wonne zuteil! –

Und wie ich wehmütig hinabsah auf ein Plätzchen, wo ich mit Lotten unter einer Weide geruht auf einem heißen Spaziergange, das war auch überschwemmt und kaum, dass ich die Weide erkannte! Wilhelm. Und ihre Wiesen, dacht ich, und all die Gegend um ihr Jagdhaus, wie jetzt vom reißenden Strome verstört unsere Lauben, dacht ich. Und der Vergangenheit Sonnenstrahl blickte herein – wie einem Gefangenen ein Traum von Herden, Wiesen und Eh-renämtern. Ich stand! – Ich schelte mich nicht, denn ich habe Mut zu sterben – Ich hätte – Nun sitz ich hier wie ein altes Weib, das ihr Holz an Zäunen stoppelt und ihr Brot an den Türen, um ihr hinsterbendes freudloses Dasein noch einen Augenblick zu verlängern und zu erleichtern.

stoppeln: auflesen

Am 17. Dez.

Was ist das, mein Lieber? Ich erschrecke vor mir selbst! Ist nicht meine Liebe zu ihr die heiligste, reinste, brüderlichs-te Liebe? Hab ich jemals einen strafbaren Wunsch in mei-ner Seele gefühlt – ich will nicht beteuern – und nun – Träume! O wie wahr fühlten die Menschen, die so widersprechende Würkungen fremden Mächten zuschrie-ben. Diese Nacht!, ich zittere es zu sagen, hielt ich sie in meinen Armen, fest an meinen Busen gedrückt, und deck-te ihren Liebe lispelnden Mund mit unendlichen Küssen. Mein Auge schwamm in der Trunkenheit des ihrigen. Gott!, bin ich strafbar, dass ich auch jetzt noch eine Seligkeit füh-le, mir diese glühenden Freuden mit voller Innigkeit zu-rückzurufen, Lotte! Lotte! – Und mit mir ist's aus! Meine Sinne verwirren sich. Schon acht Tage habe ich keine Be-sinnungskraft, meine Augen sind voll Tränen. Ich bin nir-gends wohl und überall wohl. Ich wünsche nichts, verlange nichts. Mir wär's besser, ich ginge.

Die ausführliche Geschichte der letzten merkwürdigen Tage unsers Freundes zu liefern, seh ich mich genötiget, seine
Briefe durch Erzählung zu unterbrechen, wozu ich den
Stoff aus dem Munde Lottens, Albertens, seines Bedienten
und anderer Zeugen gesammlet habe.

Werthers Leidenschaft hatte den Frieden zwischen Alberten und seiner Frau allmählich untergraben, dieser liebte
sie mit der ruhigen Treue eines rechtschaffnen Manns und
der freundliche Umgang mit ihr subordinierte sich nach
und nach seinen Geschäften. Zwar wollte er sich nicht den
Unterschied gestehen, der die gegenwärtige Zeit den Bräu-
tigamstagen so ungleich machte; doch fühlte er innerlich
einen gewissen Widerwillen gegen Werthers Aufmerksam-
keiten für Lotten, die ihm zugleich ein Eingriff in seine
Rechte und ein stiller Vorwurf zu sein scheinen mussten.
Dadurch ward der üble Humor vermehrt, den ihm seine
überhäuften, gehinderten, schlecht belohnten Geschäfte
manchmal gaben, und da denn Werthers Lage auch ihn
zum traurigen Gesellschafter machte, indem die Beängsti-
gung seines Herzens die übrigen Kräfte seines Geistes, seine Lebhaftigkeit, seinen Scharfsinn aufgezehrt hatte; so
konnte es nicht fehlen, dass Lotte zuletzt selbst mit ange-
steckt wurde und in eine Art von Schwermut verfiel, in der
Albert eine wachsende Leidenschaft für ihren Liebhaber
und Werther einen tiefen Verdruss über das veränderte Betragen ihres Mannes zu entdecken glaubte. Das Misstrau-
en, womit die beiden Freunde einander ansahen, machte
ihnen ihre wechselseitige Gegenwart höchst beschwerlich.
Albert mied das Zimmer seiner Frau, wenn Werther bei ihr
war, und dieser, der es merkte, ergriff nach einigen frucht-
losen Versuchen, ganz von ihr zu lassen, die Gelegenheit,
sie in solchen Stunden zu sehen, da ihr Mann von seinen
Geschäften gehalten wurde. Daraus entstund neue Unzu-
friedenheit, die Gemüter verhetzten sich immer mehr

gegeneinander, bis zuletzt Albert seiner Frau mit ziemlich trocknen Worten sagte, sie möchte, wenigstens um der Leute willen, dem Umgange mit Werthern eine andere Wendung geben und seine allzu öftern Besuche abschneiden.

Ohngefähr um diese Zeit hatte sich der Entschluss, diese Welt zu verlassen, in der Seele des armen Jungen näher bestimmt. Es war von jeher seine Lieblingsidee gewesen, mit der er sich, besonders seit der Rückkehr zu Lotten, immer getragen.

Doch sollte es keine übereilte, keine rasche Tat sein, er wollte mit der besten Überzeugung, mit der möglichsten ruhigen Entschlossenheit diesen Schritt tun.

Seine Zweifel, sein Streit mit sich selbst blicken aus einem Zettelchen hervor, das wahrscheinlich ein angefangener Brief an Wilhelmen ist und ohne Datum unter seinen Papieren gefunden worden.

»Ihre Gegenwart, ihr Schicksal, ihr Teilnehmen an dem meinigen presst noch die letzten Tränen aus meinem versengten Gehirn.

Den Vorhang aufzuheben und dahinterzutreten, das ist's all! Und warum das Zaudern und Zagen? – Weil man nicht weiß, wie's dahinten aussieht? – und man nicht zurückkehrt? – Und dass das nun die Eigenschaft unseres Geistes ist, da Verwirrung und Finsternis zu ahnden, wovon wir nichts Bestimmtes wissen.«

Den Verdruss, den er bei der Gesandtschaft gehabt, konnte er nicht vergessen. Er erwähnte dessen selten, doch wenn es auch auf die entfernteste Weise geschah, so konnte man fühlen, dass er seine Ehre dadurch unwiederbringlich gekränkt hielte und dass ihm dieser Vorfall eine Abneigung gegen alle Geschäfte und politische Wirksamkeit gegeben hatte. Daher überließ er sich ganz der wunderbaren Empfind- und Denkensart, die wir aus seinen Briefen kennen, und einer endlosen Leidenschaft, worüber noch endlich alles, was tätige Kraft an ihm war, verlöschen musste. Das ewige Einerlei eines traurigen Umgangs mit dem liebenswürdigen und geliebten Geschöpfe, dessen Ruhe er störte, das stürmende Abarbeiten seiner Kräfte ohne Zweck und Aussicht drängten ihn endlich zu der schröcklichen Tat.

»Am 20. Dez.

Ich danke deiner Liebe, Wilhelm, dass du das Wort so aufgefangen hast. Ja, du hast Recht: Mir wäre besser, ich ginge. Der Vorschlag, den du zu einer Rückkehr zu euch tust, gefällt mir nicht ganz, wenigstens möcht ich noch gern einen Umweg machen, besonders da wir anhaltenden Frost und gute Wege zu hoffen haben. Auch ist mir's sehr lieb, dass du kommen willst mich abzuholen, verzieh nur noch vierzehn Tage und erwarte noch einen Brief von mir mit dem Weitern. Es ist nötig, dass nichts gepflückt werde, eh es reif ist. Und vierzehn Tage auf oder ab tun viel. Meiner Mutter sollst du sagen, dass sie für ihren Sohn beten soll und dass ich sie um Vergebung bitte wegen all des Verdrusses, den ich ihr gemacht habe. Das war nun mein Schicksal, die zu betrüben, denen ich Freude schuldig war. Leb wohl, mein Teuerster. Allen Segen des Himmels über dich! Leb wohl!«

verzieh: warte

An ebendem Tage, es war der Sonntag vor Weihnachten, kam er abends zu Lotten und fand sie allein. Sie beschäftigte sich, einige Spielwerke in Ordnung zu bringen, die sie ihren kleinen Geschwistern zum Christgeschenke zurechtgemacht hatte. Er redete von dem Vergnügen, das die Kleinen haben würden, und von den Zeiten, da einen die unerwartete Öffnung der Türe und die Erscheinung eines aufgeputzten Baums mit Wachslichtern, Zuckerwerk und Äpfeln in paradiesische Entzückung setzte. »Sie sollen«, sagte Lotte, indem sie ihre Verlegenheit unter ein liebes Lächeln verbarg, »Sie sollen auch beschert kriegen, wenn Sie recht geschickt sind, ein Wachsstöckchen und noch was.«

– »Und was heißen Sie geschickt sein?«, rief er aus, »wie soll ich sein, wie kann ich sein, beste Lotte?« – »Donnerstagabend«, sagte sie, »ist Weihnachtsabend, da kommen die Kinder, mein Vater auch, da kriegt jedes das Seinige, da kommen Sie auch – aber nicht eher.« Werther stutzte! »Ich bitte Sie«, fuhr sie fort, »es ist nun einmal so, ich bitte Sie um meiner Ruhe willen, es kann nicht, es kann nicht so bleiben!« Er wendete seine Augen von ihr, ging in der Stube auf und ab und murmelte das »Es kann nicht so bleiben!« zwischen den Zähnen. Lotte, die den schröcklichen Zustand fühlte, worein ihn diese Worte versetzt hatten, suchte durch allerlei Fragen seine Gedanken abzulenken, aber vergebens. »Nein, Lotte«, rief er aus, »ich werde Sie nicht wiedersehn!« – »Warum das?«, versetzte sie, »Werther, Sie können, Sie müssen uns wiedersehen, nur mäßigen Sie sich. Oh!, warum mussten Sie mit dieser Heftigkeit, dieser unbezwinglich haftenden Leidenschaft für alles, das Sie einmal anfassen, geboren werden. Ich bitte Sie«, fuhr sie fort, indem sie ihn bei der Hand nahm, »mäßigen Sie sich, Ihr Geist, Ihre Wissenschaft, Ihre Talente, was bieten die Ihnen für mannigfaltige Ergötzungen dar! Sei'n Sie ein Mann, wenden Sie diese traurige Anhänglichkeit von einem Geschöpfe, das nichts tun kann, als Sie bedauern.« Er knirrte mit den Zähnen und sah sie düster an. Sie hielt seine Hand. »Nur einen Augenblick ruhigen Sinn, Werther«, sagte sie. »Fühlen Sie nicht, dass Sie sich betrügen, sich mit Willen zugrunde richten? Warum denn mich! Werther! Just mich! Das Eigentum eines andern. Just das! Ich fürchte, ich fürchte, es ist nur die Unmöglichkeit, mich zu besitzen, die Ihnen diesen Wunsch so reizend macht.« Er zog seine Hand aus der ihrigen, indem er sie mit einem starren, unwilligen Blicke ansah. »Weise!«, rief er, »sehr weise! Hat vielleicht Albert diese Anmerkung gemacht? Politisch!, sehr politisch!« – »Es kann sie jeder machen«, versetzte sie drauf. »Und sollte denn in der weiten Welt kein Mädchen sein, das die Wünsche Ihres Herzens erfüllte. Gewinnen

Sie's über sich, suchen Sie darnach, und ich schwöre Ihnen, Sie werden sie finden. Denn schon lange ängstet mich für Sie und uns die Einschränkung, in die Sie sich diese Zeit her selbst gebannt haben. Gewinnen Sie's über sich! Eine
5 Reise wird Sie, muss Sie zerstreuen! Suchen Sie, finden Sie einen werten Gegenstand all Ihrer Liebe und kehren Sie zurück und lassen Sie uns zusammen die Seligkeit einer wahren Freundschaft genießen.«

»Das könnte man«, sagte er mit einem kalten Lachen,
10 »drucken lassen und allen Hofmeistern empfehlen. Liebe Lotte, lassen Sie mir noch ein klein wenig Ruh, es wird alles werden.« – »Nur das, Werther!, dass Sie nicht eher kommen als Weihnachtsabend!« Er wollte antworten und Albert trat in die Stube. Man bot sich einen frostigen »Guten
15 Abend« und ging verlegen im Zimmer nebeneinander auf und nieder. Werther fing einen unbedeutenden Diskurs an, der bald aus war, Albert desgleichen, der sodann seine Frau nach einigen Aufträgen fragte und, als er hörte, sie seien noch nicht ausgerichtet, ihr spitze Reden gab, die
20 Werthern durchs Herz gingen. Er wollte gehn, er konnte nicht und zauderte bis acht, da sich denn der Unmut und Unwillen aneinander immer vermehrte, bis der Tisch gedeckt wurde und er Hut und Stock nahm, da ihm denn Albert ein unbedeutend Kompliment, ob er nicht mit ihnen
25 vorlieb nehmen wollte, mit auf den Weg gab.

Er kam nach Hause, nahm seinem Burschen, der ihm leuchten wollte, das Licht aus der Hand und ging allein in sein Zimmer, weinte laut, redete aufgebracht mit sich selbst, ging heftig die Stube auf und ab und warf sich end-
30 lich in seinen Kleidern aufs Bette, wo ihn der Bediente fand, der es gegen eilf wagte hineinzugehn, um zu fragen, ob er dem Herrn die Stiefel ausziehen sollte, das er denn zuließ und dem Diener verbot, des andern Morgens nicht ins Zimmer zu kommen, bis er ihm rufte.

35 Montags früh, den einundzwanzigsten Dezember, schrieb er folgenden Brief an Lotten, den man nach seinem Tode

versiegelt auf seinem Schreibtische gefunden und ihr über-
bracht hat und den ich absatzweise hier einrücken will, so
wie aus den Umständen erhellet, dass er ihn geschrieben
habe.

»Es ist beschlossen, Lotte, ich will sterben, und das schreib 5
ich dir ohne romantische Überspannung, gelassen, an dem
Morgen des Tags, an dem ich dich zum letzten Mal sehn
werde. Wenn du dieses liesest, meine Beste, deckt schon
das kühle Grab die erstarrten Reste des Unruhigen, Unglücklichen, der für die letzten Augenblicke seines Lebens 10
keine größere Süßigkeit weiß, als sich mit dir zu unterhalten. Ich habe eine schröckliche Nacht gehabt und, ach, eine wohltätige Nacht, sie ist's, die meinen wankenden Entschluss befestiget, bestimmt hat: Ich will sterben. Wie ich
mich gestern von dir riss, in der fürchterlichen Empörung 15
meiner Sinnen, wie sich all, all das nach meinem Herzen
drängte und mein hoffnungsloses, freudloses Dasein neben dir in grässlicher Kälte mich anpackte; ich erreichte
kaum mein Zimmer, ich warf mich außer mir auf meine
Knie und o Gott!, du gewährtest mir das letzte Labsal der 20
bittersten Tränen, und tausend Anschläge, tausend Aussichten wüteten durch meine Seele und zuletzt stand er
da, fest, ganz, der letzte, einzige Gedanke: Ich will sterben!
– Ich legte mich nieder und morgens, in all der Ruh des Er-
wachens, steht er noch fest, noch ganz stark in meinem 25
Herzen: Ich will sterben! – Es ist nicht Verzweiflung, es ist
Gewissheit, dass ich ausgetragen habe und dass ich mich
opfere für dich, ja Lotte, warum sollt ich's verschweigen:
Eins von uns dreien muss hinweg und das will ich sein. O
meine Beste, in diesem zerrissenen Herzen ist es wütend 30
herumgeschlichen, oft – deinen Mann zu ermorden! –
dich! – mich! – So sei's denn! – Wenn du hinaufsteigst auf
den Berg, an einem schönen Sommerabende, dann erinnere dich meiner, wie ich so oft das Tal heraufkam, und dann
blicke nach dem Kirchhofe hinüber nach meinem Grabe, 35

wie der Wind das hohe Gras im Schein der sinkenden Sonne hin- und herwiegt. – Ich war ruhig, da ich anfing, und
nun wein ich wie ein Kind, da mir all das so lebhaft um
mich wird. –«

5 Gegen zehn Uhr rufte Werther seinem Bedienten und unter dem Anziehen sagte er ihm, wie er in einigen Tagen ver-
reisen würde, er solle daher die Kleider auskehren und alles zum Einpacken zurechtemachen, auch gab er ihm
Befehl, überall Kontis zu fordern, einige ausgeliehene Bü-   Kontis:
10 cher abzuholen und einigen Armen, denen er wöchentlich   Abrechnungen
etwas zu geben gewohnt war, ihr Zugeteiltes auf zwei Monate voraus zu bezahlen.
Er ließ sich das Essen auf die Stube bringen und nach Tische ritt er hinaus zum Amtmanne, den er nicht zu Hause
15 antraf. Er ging tiefsinnig im Garten auf und ab und schien
noch zuletzt alle Schwermut der Erinnerung auf sich häufen zu wollen.
Die Kleinen ließen ihn nicht lange in Ruhe, sie verfolgten
ihn, sprangen an ihn hinauf, erzählten ihm, dass, wenn
20 morgen und wieder morgen und noch ein Tag wäre, dass
sie die Christgeschenke bei Lotten holten, und erzählten
ihm Wunder, die sich ihre kleine Einbildungskraft versprach. »Morgen!«, rief er aus, »und wieder morgen und
noch ein Tag!« Und küsste sie alle herzlich und wollte sie
25 verlassen, als ihm der Kleine noch was ins Ohr sagen wollte. Der verriet ihm, dass die großen Brüder hätten schöne
Neujahrswünsche geschrieben, so groß, und einen für den
Papa, für Albert und Lotte einen und auch einen für Herrn
Werther. Die wollten sie des Neujahrstags früh überrei-
30 chen.
Das übermannte ihn, er schenkte jedem was, setzte sich zu
Pferde, ließ den Alten grüßen und ritt mit Tränen in den
Augen davon.
Gegen fünfe kam er nach Hause, befahl der Magd, nach
35 dem Feuer zu sehen und es bis in die Nacht zu unterhalten.

Dem Bedienten hieß er Bücher und Wäsche unten in den Koffer packen und die Kleider einnähen. Darauf schrieb er wahrscheinlich folgenden Absatz seines letzten Briefes an Lotten.

»Du erwartest mich nicht. Du glaubst, ich würde gehor- 5 chen und erst Weihnachtsabend dich wiedersehn. O Lotte! Heut oder nie mehr. Weihnachtsabend hältst du dieses Papier in deiner Hand, zitterst und benetzt es mit deinen lieben Tränen. Ich will, ich muss! O wie wohl ist mir's, dass ich entschlossen bin.« 10

Um halb sieben ging er nach Albertens Hause und fand Lotten allein, die über seinen Besuch sehr erschrocken war. Sie hatte ihrem Manne im Diskurs gesagt, dass Werther vor Weihnachtsabend nicht wiederkommen würde. Er ließ bald darauf sein Pferd satteln, nahm von ihr Ab- 15 schied und sagte, er wolle zu einem Beamten in der Nachbarschaft reiten, mit dem er Geschäfte abzutun habe, und so machte er sich trutz der übeln Witterung fort. Lotte, die wohl wusste, dass er dieses Geschäft schon lange verschoben hatte, dass es ihn eine Nacht von Hause halten würde, 20 verstund die Pantomime nur allzu wohl und ward herzlich betrübt darüber. Sie saß in ihrer Einsamkeit, ihr Herz ward weich, sie sah das Vergangene, fühlte all ihren Wert und ihre Liebe zu ihrem Manne, der nun statt des versprochenen Glücks anfing, das Elend ihres Lebens zu machen. Ihre Ge- 25 danken fielen auf Werthern. Sie schalt ihn und konnte ihn nicht hassen. Ein geheimer Zug hatte ihr ihn vom Anfange ihrer Bekanntschaft teuer gemacht und nun, nach so viel Zeit, nach so manchen durchlebten Situationen, musste sein Eindruck unauslöschlich in ihrem Herzen sein. Ihr ge- 30 presstes Herz machte sich endlich in Tränen Luft und ging in eine stille Melancholie über, in der sie sich je länger, je tiefer verlor. Aber wie schlug ihr Herz, als sie Werthern die Treppe heraufkommen und außen nach ihr fragen hörte.

Es war zu spät, sich verleugnen zu lassen, und sie konnte sich nur halb von ihrer Verwirrung ermannen, als er ins Zimmer trat. »Sie haben nicht Wort gehalten!«, rief sie ihm entgegen. »Ich habe nichts versprochen«, war seine Antwort. »So hätten Sie mir wenigstens meine Bitte gewähren sollen«, sagte sie, »es war Bitte um unserer beider Ruhe willen.« Indem sie das sprach, hatte sie bei sich überlegt, einige ihrer Freundinnen zu sich rufen zu lassen. Sie sollten Zeugen ihrer Unterredung mit Werthern sein und abends, weil er sie nach Hause führen musste, ward sie ihn zur rechten Zeit los. Er hatte ihr einige Bücher zurückgebracht, sie fragte nach einigen andern und suchte das Gespräch, in Erwartung ihrer Freundinnen, allgemein zu erhalten, als das Mädchen zurückkam und ihr hinterbrachte, wie sie sich beide entschuldigen ließen, die eine habe unangenehmen Verwandtenbesuch und die andere möchte sich nicht anziehen und in dem schmutzigen Wetter nicht gerne ausgehen.

Darüber ward sie einige Minuten nachdenkend, bis das Gefühl ihrer Unschuld sich mit einigem Stolze empörte. Sie bot Albertens Grillen Trutz und die Reinheit ihres Herzens gab ihr eine Festigkeit, dass sie nicht, wie sie anfangs vorhatte, ihr Mädchen in die Stube rief, sondern, nachdem sie einige Menuetts auf dem Klavier gespielt hatte, um sich zu erholen und die Verwirrung ihres Herzens zu stillen, sich gelassen zu Werthern aufs Kanapee setzte. »Haben Sie nichts zu lesen?«, sagte sie. Er hatte nichts. »Da drinne in meiner Schublade«, fing sie an, »liegt Ihre Übersetzung einiger Gesänge Ossians, ich habe sie noch nicht gelesen, denn ich hoffte immer, sie von Ihnen zu hören, aber zeither sind Sie zu nichts mehr tauglich.« Er lächelte, holte die Lieder, ein Schauer überfiel ihn, als er sie in die Hand nahm, und die Augen stunden ihm voll Tränen, als er hineinsah, er setzte sich nieder und las:

»Stern der dämmernden Nacht, schön funkelst du im Westen. Hebst dein strahlend Haupt aus deiner Wolke. Wan-

Trutz:
Trotz, Widerstand

Kanapee:
Sofa

delst stattlich deinen Hügel hin. Wornach blickst du auf die Heide? Die stürmenden Winde haben sich gelegt. Von ferne kommt des Gießbachs Murmeln. Rauschende Wellen spielen am Felsen ferne. Das Gesumme der Abendfliegen schwärmet übers Feld. Wornach siehst du, schönes Licht? 5 Aber du lächelst und gehst, freudig umgeben dich die Wellen und baden dein liebliches Haar. Lebe wohl, ruhiger Strahl. Erscheine, du herrliches Licht von Ossians Seele.

Und es erscheint in seiner Kraft. Ich sehe meine geschiedenen Freunde, sie sammeln sich auf Lora, wie in den Tagen, 10 die vorüber sind. – Fingal kommt wie eine feuchte Nebelsäule; um ihn sind seine Helden. Und sieh die Barden des Gesangs!, grauer Ullin!, stattlicher Ryno!, Alpin, lieblicher Sänger! Und du, sanft klagende Minona! – Wie verändert seid ihr, meine Freunde, seit den festlichen Tagen auf Sel- 15 ma!, da wir buhlten um die Ehre des Gesangs, wie Frühlingslüfte den Hügel hin wechselnd beugen das schwach lispelnde Gras.

Lora:
Landschaft in
den Ossian-
Gesängen

Da trat Minona hervor in ihrer Schönheit, mit niedergeschlagenem Blick und tränenvollem Auge. Ihr Haar floss 20 schwer im unsteten Winde, der von dem Hügel herstieß. – Düster ward's in der Seele der Helden, als sie die liebliche Stimme erhub; denn oft hatten sie das Grab Salgars gesehen, oft die finstere Wohnung der weißen Colma. Colma, verlassen auf dem Hügel, mit all der harmonischen Stim- 25 me. Salgar versprach zu kommen; aber ringsum zog sich die Nacht. Höret Colmas Stimme, da sie auf dem Hügel allein saß.

Colma

Es ist Nacht; – ich bin allein, verloren auf dem stürmischen 30 Hügel. Der Wind saust im Gebürg, der Strom heult den Felsen hinab. Keine Hütte schützt mich vor dem Regen, verlassen auf dem stürmischen Hügel.

Tritt, o Mond, aus deinen Wolken; erscheinet, Sterne der Nacht! Leite mich irgendein Strahl zu dem Orte, wo meine 35

Liebe ruht von den Beschwerden der Jagd, sein Bogen neben ihm abgespannt, seine Hunde schnobend um ihn!
Aber hier muss ich sitzen allein auf dem Felsen des ver-
wachsenen Stroms. Der Strom und der Sturm saust, ich
5 höre nicht die Stimme meines Geliebten.

Warum zaudert mein Salgar? Hat er sein Wort vergessen?
– Da ist der Fels und der Baum und hier der rauschende
Strom. Mit der Nacht versprachst du hier zu sein. Ach!, wo-
hin hat sich mein Salgar verirrt? Mit dir wollt' ich fliehen,
10 verlassen Vater und Bruder!, die Stolzen! Lange sind unsere
Geschlechter Feinde, aber wir sind keine Feinde, o Salgar.

Schweig eine Weile, o Wind, still eine kleine Weile, o Strom,
dass meine Stimme klinge durchs Tal, dass mein Wandrer
mich höre. Salgar! Ich bin's, die ruft. Hier ist der Baum und
15 der Fels. Salgar, mein Lieber, hier bin ich. Warum zauderst
du zu kommen?

Sieh, der Mond erscheint. Die Flut glänzt im Tale. Die Felsen stehn grau den Hügel hinauf. Aber ich seh ihn nicht auf
der Höhe. Seine Hunde vor ihm her verkündigen nicht sei-
20 ne Ankunft. Hier muss ich sitzen allein.

Aber wer sind, die dort unten liegen auf der Heide – Mein
Geliebter? Mein Bruder? – Redet, o meine Freunde! Sie antworten nicht. Wie geängstet ist meine Seele – Ach, sie sind
tot! – Ihre Schwerte rot vom Gefecht. O mein Bruder, mein
25 Bruder, warum hast du meinen Salgar erschlagen? O mein
Salgar, warum hast du meinen Bruder erschlagen? – Ihr
wart mir beide so lieb! O du warst schön an dem Hügel unter Tausenden; er war schröcklich in der Schlacht. Antwor-
tet mir! Hört meine Stimme, meine Geliebten. Aber ach, sie
30 sind stumm. Stumm vor ewig. Kalt wie die Erde ist ihr Busen.

vor:
hier für

Oh, von dem Felsen des Hügels, von dem Gipfel des stürmenden Berges, redet, Geister der Toten! Redet! Mir soll es
nicht grausen! – Wohin seid ihr zu Ruhe gegangen? In wel-
35 cher Gruft des Gebürges soll ich euch finden! – Keine

schwache Stimme vernehm ich im Wind, keine wehende Antwort im Sturme des Hügels.

Ich sitze in meinem Jammer, ich harre auf den Morgen in meinen Tränen. Wühlet das Grab, ihr Freunde der Toten, aber schließt es nicht, bis ich komme. Mein Leben schwin- 5 det wie ein Traum, wie sollt' ich zurückbleiben. Hier will ich wohnen mit meinen Freunden, an dem Strome des klingenden Felsen – wenn's Nacht wird auf dem Hügel und der Wind kommt über die Heide, soll mein Geist im Winde stehn und trauren den Tod meiner Freunde. Der Jäger hört 10 mich aus seiner Laube, fürchtet meine Stimme und liebt sie; denn süß soll meine Stimme sein um meine Freunde, sie waren mir beide so lieb.

Das war dein Gesang, o Minona, Tormans sanft errötende Tochter. Unsere Tränen flossen um Colma und unsere See- 15 le ward düster – Ullin trat auf mit der Harfe und gab uns Alpins Gesang – Alpins Stimme war freundlich, Rynos See- le ein Feuerstrahl. Aber schon ruhten sie im engen Hause und ihre Stimme war verhallet in Selma – Einst kehrt' Ullin von der Jagd zurück, eh noch die Helden fielen, er hörte ih- 20 ren Wettegesang auf dem Hügel, ihr Lied war sanft, aber traurig, sie klagten Morars Fall, des ersten der Helden. Sei- ne Seele war wie Fingals Seele; sein Schwert wie das Schwert Oskars – Aber er fiel und sein Vater jammerte und seiner Schwester Augen waren voll Tränen – Minonas Au- 25 gen waren voll Tränen, der Schwester des herrlichen Morars. Sie trat zurück vor Ullins Gesang, wie der Mond in Westen, der den Sturmregen voraussieht und sein schönes Haupt in eine Wolke verbirgt. – Ich schlug die Harfe mit Ullin zum Gesange des Jammers.   30

Ryno

Vorbei sind Wind und Regen, der Mittag ist so heiter, die Wolken teilen sich. Fliehend bescheint den Hügel die unbeständ'ge Sonne. So rötlich fließt der Strom des Bergs

im Tale hin. Süß ist dein Murmeln, Strom, doch süßer die Stimme, die ich höre. Es ist Alpins Stimme, er bejammert den Toten. Sein Haupt ist vor Alter gebeugt und rot sein tränendes Auge. Alpin, trefflicher Sänger, warum allein auf
5 dem schweigenden Hügel, warum jammerst du wie ein Windstoß im Wald, wie eine Welle am fernen Gestade.

Alpin

Meine Tränen, Ryno, sind für den Toten, meine Stimme für die Bewohner des Grabs. Schlank bist du auf dem Hügel,
10 schön unter den Söhnen der Heide. Aber du wirst fallen wie Morar und wird der Traurende sitzen auf deinem Grabe. Die Hügel werden dich vergessen, dein Bogen in der Halle liegen ungespannt.

Du warst schnell, o Morar, wie ein Reh auf dem Hügel,
15 schrecklich wie die Nachtfeuer am Himmel, dein Grimm war ein Sturm. Dein Schwert in der Schlacht wie Wetterleuchten über der Heide. Deine Stimme glich dem Waldstrome nach dem Regen, dem Donner auf fernen Hügeln. Manche fielen von deinem Arm, die Flamme deines
20 Grimms verzehrte sie. Aber wenn du kehrtest vom Kriege, wie friedlich war deine Stirne! Dein Angesicht war gleich der Sonne nach dem Gewitter, gleich dem Monde in der schweigenden Nacht. Ruhig deine Brust wie der See, wenn sich das Brausen des Windes gelegt hat.
25 Eng ist nun deine Wohnung, finster deine Stätte. Mit drei Schritten mess ich dein Grab, o du, der du ehe so groß warst! Vier Steine mit moosigen Häuptern sind dein einzig Gedächtnis. Ein entblätterter Baum, lang' Gras, das wispelt im Winde, deutet dem Auge des Jägers das Grab des mäch-
30 tigen Morars. Keine Mutter hast du, dich zu beweinen, kein Mädchen, mit Tränen der Liebe. Tot ist, die dich gebar. Gefallen die Tochter von Morglan.

Wer auf seinem Stabe ist das? Wer ist's, dessen Haupt weiß ist vor Alter, dessen Augen rot sind von Tränen? – Es ist
35 dein Vater, o Morar! Der Vater keines Sohns außer dir! Er

hörte von deinem Rufe in der Schlacht; er hörte von zersto-
benen Feinden. Er hörte Morars Ruhm! Ach, nichts von seiner Wunde? Weine, Vater Morars! Weine! Aber dein Sohn
hört dich nicht. Tief ist der Schlaf der Toten, niedrig ihr
Küssen von Staub. Nimmer achtet er auf die Stimme, nie 5
erwacht er auf deinen Ruf. O wann wird es Morgen im Grabe?, zu bieten dem Schlummerer: Erwache!
Lebe wohl, edelster der Menschen, du Eroberer im Felde!
Aber nimmer wird dich das Feld sehn, nimmer der düstere
Wald leuchten vom Glanze deines Stahls. Du hinterließest 10
keinen Sohn, aber der Gesang soll deinen Namen erhalten.
Künftige Zeiten sollen von dir hören, hören sollen sie von
dem gefallenen Morar.

Laut ward die Trauer der Helden, am lautsten Armins bers-
tender Seufzer. Ihn erinnert's an den Tod seines Sohns, der 15
fiel in den Tagen seiner Jugend. Carmor saß nah bei dem
Helden, der Fürst des hallenden Galmal. ›Warum schluch-
zet der Seufzer Armins?‹, sprach er, ›was ist hier zu weinen? Klingt nicht Lied und Gesang, die Seele zu schmelzen
und zu ergötzen. Sind wie sanfter Nebel, der steigend vom 20
See aufs Tal sprüht, und die blühenden Blumen füllet das
Nass; aber die Sonne kommt wieder in ihrer Kraft und der
Nebel ist gangen. Warum bist du so jammervoll, Armin,
Herr des seeumflossenen Gorma?‹
›Jammervoll! Wohl, das bin ich und nicht gering die Ursach 25
meines Wehs. – Carmor, du verlorst keinen Sohn; verlorst
keine blühende Tochter! Colgar, der Tapfere, lebt und Anni-
ra, die schönste der Mädchen. Die Zweige deines Hauses
blühen, o Carmor, aber Armin ist der Letzte seines Stamms.
Finster ist dein Bett, o Daura! Dumpf ist dein Schlaf in dem 30
Grabe – Wann erwachst du mit deinen Gesängen, mit dei-
ner melodischen Stimme? Auf!, ihr Winde des Herbst, auf!
Stürmt über die finstre Heide! Waldströme, braust! Heult,
Stürme, in dem Gipfel der Eichen! Wandle durch gebroche-
ne Wolken, o Mond, zeige wechselnd dein bleiches Ge- 35

sicht! Erinnere mich der schröcklichen Nacht, da meine Kinder umkamen, Arindal, der mächtige, fiel, Daura, die liebe, verging.

Daura, meine Tochter, du warst schön!, schön wie der
5 Mond auf den Hügeln von Fura, weiß wie der gefallene Schnee, süß wie die atmende Luft. Arindal, dein Bogen war stark, dein Speer schnell auf dem Felde, dein Blick wie Nebel auf der Welle, dein Schild eine Feuerwolke im Sturme.

Armar, berühmt im Krieg, kam und warb um Dauras Liebe,
10 sie widerstund nicht lange, schön waren die Hoffnungen ihrer Freunde.

Erath, der Sohn Odgals, grollte, denn sein Bruder lag erschlagen von Armar. Er kam, in einen Schiffer verkleidet, schön war sein Nachen auf der Welle; weiß seine Locken
15 vor Alter, ruhig sein ernstes Gesicht »Schönste der Mädchen«, sagt' er, »liebliche Tochter von Armin! Dort am Fels, nicht fern in der See, wo die rote Frucht vom Baume herblinkt, dort wartet Armar auf Daura. Ich komme, seine Liebe zu führen über die rollende See.«

20 Sie folgt' ihm und rief nach Armar. Nichts antwortete als die Stimme des Felsens. »Armar, mein Lieber, mein Lieber, warum ängstest du mich so? Höre, Sohn Arnarts, höre. Daura ist's, die dich ruft!«

Erath, der Verräter, floh lachend zum Lande. Sie erhub ihre
25 Stimme, rief nach ihrem Vater und Bruder: »Arindal! Armin! Ist keiner, seine Daura zu retten?«

Ihre Stimme kam über die See. Arindal, mein Sohn, stieg vom Hügel herab, rau in der Beute der Jagd. Seine Pfeile rasselten an seiner Seite. Seinen Bogen trug er in der Hand.
30 Fünf schwarzgraue Doggen waren um ihn. Er sah den kühnen Erath am Ufer, fasst' und band ihn an die Eiche. Fest umflocht er seine Hüften, er füllt' mit Ächzen die Winde.

Arindal betritt die Welle in seinem Boote, Daura herüberzubringen. Armar kam in seinem Grimm, drückt' ab den
35 grau befiederten Pfeil, er klang, er sank in dein Herz, o Arindal, mein Sohn! Statt Erath, des Verräters, kamst du

um, das Boot erreicht' den Felsen, er sank dran nieder und starb. Welch war dein Jammer, o Daura, da zu deinen Füßen floss deines Bruders Blut.

Die Wellen zerschmettern das Boot. Armar stürzt' sich in die See, seine Daura zu retten oder zu sterben. Schnell 5 stürmt' ein Stoß vom Hügel in die Wellen, er sank und hub sich nicht wieder.

Allein auf dem seebespülten Felsen hört ich die Klage meiner Tochter. Viel und laut war ihr Schreien; doch konnt sie ihr Vater nicht retten. Die ganze Nacht stund ich am Ufer, 10 ich sah sie im schwachen Strahle des Monds, die ganze Nacht hört' ich ihr Schrei'n. Laut war der Wind und der Regen schlug scharf nach der Seite des Bergs. Ihre Stimme ward schwach, eh der Morgen erschien, sie starb weg wie die Abendluft zwischen dem Grase der Felsen. Beladen mit 15 Jammer starb sie und ließ Armin allein! Dahin ist meine Stärke im Krieg, gefallen mein Stolz unter den Mädchen.

Wenn die Stürme des Berges kommen, wenn der Nord die Wellen hochhebt, sitz ich am schallenden Ufer, schaue nach dem schröcklichen Felsen. Oft im sinkenden Mond 20 seh ich die Geister meiner Kinder, halb dämmernd wandeln sie zusammen in trauriger Eintracht.‹«

Ein Strom von Tränen, der aus Lottens Augen brach und ihrem gepressten Herzen Luft machte, hemmte Werthers Gesang, er warf das Papier hin und fasste ihre Hand und 25 weinte die bittersten Tränen. Lotte ruhte auf der andern und verbarg ihre Augen ins Schnupftuch, die Bewegung beider war fürchterlich. Sie fühlten ihr eigenes Elend in dem Schicksal der Edlen, fühlten es zusammen und ihre Tränen vereinigten sie. Die Lippen und Augen Werthers 30 glühten an Lottens Armen, ein Schauer überfiel sie, sie wollte sich entfernen und es lag all der Schmerz, der Anteil betäubend wie Blei auf ihr. Sie atmete, sich zu erholen, und bat ihn schluchzend, fortzufahren, bat mit der ganzen

Stimme des Himmels, Werther zitterte, sein Herz wollte bersten, er hub das Blatt auf und las halb gebrochen:

»Warum weckst du mich, Frühlingsluft? Du buhlst und sprichst: Ich betaue mit Tropfen des Himmels. Aber die Zeit meines Welkens ist nah, nah der Sturm, der meine Blätter herabstört! Morgen wird der Wandrer kommen, kommen, der mich sah in meiner Schönheit, rings wird sein Aug im Felde mich suchen und wird mich nicht finden. – «

Die ganze Gewalt dieser Worte fiel über den Unglücklichen, er warf sich vor Lotten nieder in der vollen Verzweiflung, fasste ihre Hände, drückte sie in seine Augen, wider seine Stirn und ihr schien eine Ahndung seines schröcklichen Vorhabens durch die Seele zu fliegen. Ihre Sinne verwirrten sich, sie drückte seine Hände, drückte sie wider ihre Brust, neigte sich mit einer wehmütigen Bewegung zu ihm und ihre glühenden Wangen berührten sich. Die Welt verging ihnen, er schlang seine Arme um sie her, presste sie an seine Brust und deckte ihre zitternden, stammelnden Lippen mit wütenden Küssen. »Werther!«, rief sie mit erstickter Stimme, sich abwendend, »Werther!«, und drückte mit schwacher Hand seine Brust von der ihrigen! »Werther!«, rief sie mit dem gefassten Tone des edelsten Gefühls; er widerstund nicht, ließ sie aus seinen Armen und warf sich unsinnig vor sie hin. Sie riss sich auf und in ängstlicher Verwirrung, bebend zwischen Liebe und Zorn, sagte sie: »Das ist das letzte Mal! Werther! Sie sehn mich nicht wieder.« Und mit dem vollsten Blick der Liebe auf den Elenden eilte sie ins Nebenzimmer und schloss hinter sich zu. Werther streckte ihr die Arme nach, getraute sich nicht, sie zu halten. Er lag an der Erde, den Kopf auf dem Kanapee, und in dieser Stellung blieb er über eine halbe Stunde, bis ihn ein Geräusch zu sich selbst rief. Es war das Mädchen, das den Tisch decken wollte. Er ging im Zimmer auf und ab, und da er sich wieder allein sah, ging er zur Türe des Kabinetts und rief mit leiser Stimme: »Lotte! Lotte! Nur noch ein Wort, ein Lebewohl!« Sie schwieg, er harrte – und bat – und harrte, dann riss er sich weg und rief: »Leb wohl, Lotte!, auf ewig leb wohl!« 5

Er kam ans Stadttor. Die Wächter, die ihn schon gewohnt waren, ließen ihn stillschweigend hinaus, es stübte zwischen Regen und Schnee und erst gegen eilfe klopfte er wieder. Sein Diener bemerkte, als Werther nach Hause kam, dass seinem Herrn der Hut fehlte. Er getraute sich 10 nichts zu sagen, entkleidete ihn, alles war nass. Man hat nachher den Hut auf einem Felsen, der an dem Abhange des Hügels ins Tal sieht, gefunden und es ist unbegreiflich, wie er ihn in einer finstern, feuchten Nacht, ohne zu stürzen, erstiegen hat. 15

Er legte sich zu Bette und schlief lange. Der Bediente fand ihn schreiben, als er ihm den andern Morgen auf sein Rufen den Kaffee brachte. Er schrieb Folgendes am Briefe an Lotten:

»Zum letzten Male denn, zum letzten Male schlag ich die- 20 se Augen auf, sie sollen, ach, die Sonne nicht mehr sehen, ein trüber, neblichter Tag hält sie bedeckt. So traure denn, Natur, dein Sohn, dein Freund, dein Geliebter naht sich seinem Ende. Lotte, das ist ein Gefühl ohnegleichen und doch kommt's dem dämmernden Traume am nächsten, zu sich 25 zu sagen: Das ist der letzte Morgen. Der letzte! Lotte, ich habe keinen Sinn vor das Wort: der letzte! Steh ich nicht da in meiner ganzen Kraft und morgen lieg ich ausgestreckt und schlaff am Boden. Sterben! Was heißt das? Sieh, wir träumen, wenn wir vom Tode reden. Ich hab manchen 30 sterben sehen; aber so eingeschränkt ist die Menschheit, dass sie für ihres Daseins Anfang und Ende keinen Sinn hat. Jetzt noch mein, dein!, dein!, o Geliebte, und einen Augenblick – getrennt, geschieden – vielleicht auf ewig. – Nein, Lotte, nein – Wie kann ich vergehen, wie kannst du 35 vergehen, wir sind ja! – Vergehen! – Was heißt das? Das ist wieder ein Wort!, ein leerer Schall ohne Gefühl für mein Herz. – – Tot, Lotte! Eingescharrt der kalten Erde, so eng, so finster! – Ich hatte eine Freundin, die mein Alles war 5 meiner hülflosen Jugend, sie starb und ich folgte ihrer Leiche und stand an dem Grabe. Wie sie den Sarg hinunterließen und die Seile schnurrend unter ihm weg- und wieder heraufschnellten, dann die erste Schaufel hinunterschollerte und die ängstliche Lade einen dumpfen Ton wieder- 10 gab und dumpfer und immer dumpfer und endlich bedeckt war! – Ich stürzte neben das Grab hin – Ergriffen, erschüttert, geängstet, zerrissen mein Innerstes, aber ich wusste nicht, wie mir geschah, – wie mir geschehen wird – Sterben! Grab! Ich verstehe die Worte nicht!

15 O vergib mir! Vergib mir! Gestern! Es hätte der letzte Augenblick meines Lebens sein sollen. O du Engel! Zum ersten Male, zum ersten Male ganz ohne Zweifel durch mein innig Innerstes durchglühte mich das Wonnegefühl: Sie liebt mich! Sie liebt mich. Es brennt noch auf meinen Lip- 20 pen das heilige Feuer, das von den deinigen strömte, neue, warme Wonne ist in meinem Herzen. Vergib mir, vergib mir.

Ach ich wusste, dass du mich liebtest, wusste es an den ersten seelenvollen Blicken, an dem ersten Händedruck 25 und doch, wenn ich wieder weg war, wenn ich Alberten an deiner Seite sah, verzagt ich wieder in fieberhaften Zweifeln.

Erinnerst du dich der Blumen, die du mir schicktest, als du in jener fatalen Gesellschaft mir kein Wort sagen, keine 30 Hand reichen konntest, o ich habe die halbe Nacht davor gekniet und sie versiegelten mir deine Liebe. Aber ach!, diese Eindrücke gingen vorüber, wie das Gefühl der Gnade seines Gottes allmählich wieder aus der Seele des Gläubigen weicht, die ihm mit ganzer Himmelsfülle im heiligen 35 sichtbaren Zeichen gereicht ward.

Alles das ist vergänglich, keine Ewigkeit soll das glühende Leben auslöschen, das ich gestern auf deinen Lippen genoss, das ich in mir fühle. Sie liebt mich! Dieser Arm hat sie umfasst, diese Lippen auf ihren Lippen gezittert, dieser Mund am ihrigen gestammelt. Sie ist mein! Du bist mein!, ja, Lotte, auf ewig!

Und was ist das?, dass Albert dein Mann ist! Mann? – das wäre denn für diese Welt – und für diese Welt Sünde, dass ich dich liebe, dass ich dich aus seinen Armen in die meinigen reißen möchte? Sünde? Gut!, und ich strafe mich davor: Ich hab sie in ihrer ganzen Himmelswonne geschmeckt, diese Sünde, habe Lebensbalsam und Kraft in mein Herz gesaugt, du bist von dem Augenblicke mein! Mein, o Lotte. Ich gehe voran! Geh zu meinem Vater, zu deinem Vater, dem will ich's klagen und er wird mich trösten, bis du kommst, und ich fliege dir entgegen und fasse dich und bleibe bei dir vor dem Angesichte des Unendlichen in ewigen Umarmungen.

Ich träume nicht, ich wähne nicht! Nah am Grabe ward mir's heller. Wir werden sein, wir werden uns wiedersehn! Deine Mutter sehn! Ich werde sie sehen, werde sie finden, ach, und vor ihr all mein Herz ausschütten. Deine Mutter. Dein Ebenbild.«

Gegen eilfe fragte Werther seinen Bedienten, ob wohl Albert zurückgekommen sei. Der Bediente sagte: Ja, er habe dessen Pferd dahinführen sehn. Drauf gibt ihm der Herr ein offenes Zettelchen des Inhalts:

»Wollten Sie mir wohl zu einer vorhabenden Reise Ihre Pistolen leihen? Leben Sie recht wohl.«

Die liebe Frau hatte die letzte Nacht wenig geschlafen, ihr Blut war in einer fieberhaften Empörung und tausenderlei Empfindungen zerrütteten ihr Herz. Wider ihren Willen fühlte sie tief in ihrer Brust das Feuer von Werthers Umarmungen und zugleich stellten sich ihr die Tage ihrer unbefangenen Unschuld, des sorglosen Zutrauens auf sich selbst in doppelter Schöne dar, es ängstigten sie schon zum Voraus die Blicke ihres Manns und seine halb verdrüsslich, halb spöttischen Fragen, wenn er Werthers Besuch erfahren würde; sie hatte sich nie verstellt, sie hatte nie gelogen und nun sah sie sich zum ersten Mal in der unvermeidlichen Notwendigkeit; der Widerwillen, die Verlegenheit, die sie dabei empfand, machte die Schuld in ihren Augen größer, und doch konnte sie den Urheber davon weder hassen noch sich versprechen, ihn nie wieder zu sehn. Sie weinte bis gegen Morgen, da sie in einen matten Schlaf versank, aus dem sie sich kaum aufgerafft und angekleidet hatte, als ihr Mann zurückkam, dessen Gegenwart ihr zum ersten Mal ganz unerträglich war; denn indem sie zitterte, er würde das Verweinte, Überwachte ihrer Augen und ihrer Gestalt entdecken, ward sie noch verwirrter, bewillkommte ihn mit einer heftigen Umarmung, die mehr Bestürzung und Reue als eine auffahrende Freude ausdrückte, und eben dadurch machte sie die Aufmerksamkeit Albertens rege, der, nachdem er einige Briefe und Pakete erbrochen, sie ganz trocken fragte, ob sonst nichts vorgefallen, ob niemand dagewesen wäre? Sie antwortete ihm stockend, Werther sei gestern eine Stunde gekommen. »Er nimmt seine Zeit gut«, versetzt' er und ging nach seinem Zimmer. Lotte war eine Viertelstunde allein geblieben. Die Gegenwart des Mannes, den sie liebte und ehrte, hatte einen neuen Eindruck in ihr Herz gemacht. Sie erinnerte sich all seiner Güte, seines Edelmuts, seiner Liebe und schalt sich, dass sie es ihm so übel gelohnt habe. Ein unbekannter Zug reizte sie, ihm zu folgen, sie nahm ihre Arbeit, wie sie mehr getan hatte, ging nach seinem Zimmer und fragte, ob er was bedürfte; er antwortete: »Nein!«, stellte sich ans Pult zu schreiben und sie setzte sich nieder zu stricken. Eine Stunde waren sie auf diese Weise nebeneinander und als Albert etliche Mal in der Stube auf und ab ging und Lotte ihn anredete, er aber wenig oder nichts drauf gab und sich wieder ans Pult stellte, so verfiel sie in eine Wehmut, die ihr um desto ängstlicher ward, als sie solche zu verbergen und ihre Tränen zu verschlucken suchte.

Die Erscheinung von Werthers Knaben versetzte sie in die größte Verlegenheit, er überreichte Alberten das Zettelchen, der sich ganz kalt nach seiner Frau wendete und sagte: »Gib ihm die Pistolen.« – »Ich lass ihm glückliche Reise wünschen«, sagt' er zum Jungen. Das fiel auf sie wie ein Donnerschlag. Sie schwankte aufzustehn. Sie wusste nicht, wie ihr geschah. Langsam ging sie nach der Wand, zitternd nahm sie sie herunter, putzte den Staub ab und zauderte und hätte noch lang gezögert, wenn nicht Albert durch einen fragenden Blick: Was denn das geben sollte? sie gedrängt hätte. Sie gab das unglückliche Gewehr dem Knaben, ohne ein Wort vorbringen zu können, und als der zum Hause drauß war, machte sie ihre Arbeit zusammen, ging in ihr Zimmer in dem Zustand des unaussprechlichsten Leidens. Ihr Herz weissagte ihr alle Schröcknisse. Bald war sie im Begriff, sich zu den Füßen ihres Mannes zu werfen, ihm alles zu entdecken, die Geschichte des gestrigen Abends, ihre Schuld und ihre Ahndungen. Dann sah sie wieder keinen Ausgang des Unternehmens, am wenigsten konnte sie hoffen, ihren Mann zu einem Gange nach Werthern zu bereden. Der Tisch ward gedeckt und eine gute Freundin, die nur etwas zu fragen kam und die Lotte nicht wegließ, machte die Unterhaltung bei Tische erträglich, man zwang sich, man redete, man erzählte, man vergaß sich.

Der Knabe kam mit den Pistolen zu Werthern, der sie ihm mit Entzücken abnahm, als er hörte, Lotte habe sie ihm gegeben. Er ließ sich ein Brot und Wein bringen, hieß den Knaben zu Tisch gehn und setzte sich nieder zu schreiben.

»Sie sind durch deine Hände gegangen, du hast den Staub davon geputzt, ich küsse sie tausendmal, du hast sie berührt. Und du, Geist des Himmels, begünstigst meinen Entschluss! Und du, Lotte, reichst mir das Werkzeug, du, von deren Händen ich den Tod zu empfangen wünschte und ach!, nun empfange. O ich habe meinen Jungen ausgefragt, du zittertest, als du sie ihm reichtest, du sagtest kein Lebewohl – Weh! Weh! – Kein Lebewohl! – Solltest du dein Herz für mich verschlossen haben um des Augenblicks willen, der mich auf ewig an dich befestigte. Lotte, kein Jahrtausend vermag den Eindruck auszulöschen! Und ich fühl's, du kannst den nicht hassen, der so für dich glüht.«

Nach Tische hieß er den Knaben alles vollends einpacken, zerriss viele Papiere, ging aus und brachte noch kleine Schulden in Ordnung. Er kam wieder nach Hause, ging wieder aus, vors Tor, ohngeachtet des Regens, in den gräflichen Garten, schweifte weiter in der Gegend umher und kam mit einbrechender Nacht zurück und schrieb.

»Wilhelm, ich habe zum letzten Male Feld und Wald und den Himmel gesehn. Leb wohl auch du! Liebe Mutter, verzeiht mir! Tröste sie, Wilhelm. Gott segne euch! Meine Sachen sind all in Ordnung. Lebt wohl! Wir sehen uns wieder, und freudiger.«

»Ich habe dir übel gelohnt, Albert, und du vergibst mir. Ich habe den Frieden deines Hauses gestört, ich habe Misstrauen zwischen euch gebracht. Leb wohl, ich will's enden. O dass ihr glücklich wäret durch meinen Tod! Albert! Albert! Mache den Engel glücklich. Und so wohne Gottes Segen über dir!«

Er kramte den Abend noch viel in seinen Papieren, zerriss vieles und warf's in Ofen, versiegelte einige Päcke mit den Adressen an Wilhelmen. Sie enthielten kleine Aufsätze, abgerissene Gedanken, deren ich verschiedene gesehen habe; und nachdem er um zehn Uhr im Ofen nachlegen und sich einen Schoppen Wein geben lassen, schickte er den Bedienten, dessen Kammer wie auch die Schlafzimmer der Hausleute weit hinten hinaus waren, zu Bette, der sich denn in seinen Kleidern niederlegte, um früh bei der Hand zu sein; denn sein Herr hatte gesagt, die Postpferde würden vor sechse vors Haus kommen.

»Nach eilfe

Alles ist so still um mich her und so ruhig meine Seele; ich danke dir, Gott, der du diesen letzten Augenblicken diese Wärme, diese Kraft schenkest.

Ich trete ans Fenster, meine Beste, und seh und sehe noch durch die stürmenden, vorüberfliehenden Wolken einzelne Sterne des ewigen Himmels! Nein, ihr werdet nicht fallen! Der Ewige trägt euch an seinem Herzen und mich. Ich sah die Deichselsterne des Wagens, des liebsten unter allen Gestirnen. Wenn ich nachts von dir ging, wie ich aus deinem Tore trat, stand er gegenüber! Mit welcher Trunkenheit hab ich ihn oft angesehen! Oft mit aufgehabenen Händen ihn zum Zeichen, zum heiligen Merksteine meiner gegenwärtigen Seligkeit gemacht und noch – O Lotte, was erinnert mich nicht an dich! Umgibst du mich nicht und hab ich nicht gleich einem Kinde ungenügsam allerlei Kleinigkeiten zu mir gerissen, die du Heilige berührt hattest!

Liebes Schattenbild! Ich vermache dir's zurück, Lotte, und bitte dich, es zu ehren. Tausend, tausend Küsse hab ich draufgedrückt, tausend Grüße ihm zugewinkt, wenn ich ausging oder nach Hause kam.

Ich habe deinen Vater in einem Zettelchen gebeten, meine Leiche zu schützen. Auf dem Kirchhofe sind zwei Lindenbäume, hinten im Ecke nach dem Felde zu, dort wünsch ich zu ruhen. Er kann, er wird das für seinen Freund tun. Bitt ihn auch. Ich will frommen Christen nicht zumuten,

aufgehaben: erhoben

ihren Körper neben einem armen Unglücklichen niederzulegen. Ach ich wollte, ihr begrübt mich am Wege oder im
einsamen Tale, dass Priester und Levite vor dem bezeich-
nenden Steine sich segnend vorüberging und der Samari-
5 ter eine Träne weinte.

Hier, Lotte! Ich schaudere nicht, den kalten, schröcklichen
Kelch zu fassen, aus dem ich den Taumel des Todes trinken
soll! Du reichtest mir ihn und ich zage nicht. All!, all!, so
sind all die Wünsche und Hoffnungen meines Lebens er-
10 füllt! So kalt, so starr an der ehernen Pforte des Todes an-
zuklopfen.

Dass ich des Glücks hätte teilhaftig werden können! Für
dich zu sterben, Lotte, für dich mich hinzugeben. Ich wollte mutig, ich wollte freudig sterben, wenn ich dir die Ruhe,
15 die Wonne deines Lebens wieder schaffen könnte; aber
ach, das ward nur wenig Edlen gegeben, ihr Blut für die Ihrigen zu vergießen und durch ihren Tod ein neues, hun-
dertfältiges Leben ihren Freunden anzufachen.

In diesen Kleidern, Lotte, will ich begraben sein. Du hast
20 sie berührt, geheiligt. Ich habe auch darum deinen Vater
gebeten. Meine Seele schwebt über dem Sarge. Man soll
meine Taschen nicht aussuchen. Diese blassrote Schleife,
die du am Busen hattest, als ich dich zum ersten Male unter deinen Kindern fand. O küsse sie tausendmal und er-
25 zähl ihnen das Schicksal ihres unglücklichen Freunds. Die
Lieben, sie wimmeln um mich. Ach, wie ich mich an dich
schloss! Seit dem ersten Augenblicke dich nicht lassen
konnte! Diese Schleife soll mit mir begraben werden. An
meinem Geburtstage schenktest du mir sie! Wie ich das all
30 verschlang – Ach, ich dachte nicht, dass mich der Weg
hierher führen sollte! – – Sei ruhig! ich bitte dich, sei ruhig!
–

Sie sind geladen – es schlägt zwölfe! – So sei's denn – Lotte!
Lotte, leb wohl! Leb wohl!«

Priester, Levite,
Samariter:
Anspielung auf
ein biblisches
Gleichnis über
Barmherzigkeit

Kelch:
Anspielung auf
Jesus, der den
nahen Tod
akzeptiert

Ein Nachbar sah den Blick vom Pulver und hörte den Schuss fallen, da aber alles still blieb, achtete er nicht weiter drauf.

Morgens um sechse tritt der Bediente herein mit dem Lichte, er findet seinen Herrn an der Erde, die Pistole und Blut. 5 Er ruft, er fasst ihn an, keine Antwort, er röchelt nur noch. Er lauft nach den Ärzten, nach Alberten. Lotte hörte die

Schelle ziehen, ein Zittern ergreift all ihre Glieder, sie weckt ihren Mann, sie stehen auf, der Bediente bringt heulend und stotternd die Nachricht, Lotte sinkt ohnmächtig vor 10 Alberten nieder.

Als der Medikus zu dem Unglücklichen kam, fand er ihn an der Erde ohne Rettung, der Puls schlug, die Glieder waren alle gelähmt, über dem rechten Auge hatte er sich durch den Kopf geschossen, das Gehirn war herausgetrieben. 15 Man ließ ihn zum Überflusse eine Ader am Arme, das Blut lief, er holte noch immer Atem.

Aus dem Blut auf der Lehne des Sessels konnte man schließen, er habe sitzend vor dem Schreibtische die Tat vollbracht. Dann ist er heruntergesunken, hat sich konvulsi- 20

visch um den Stuhl herumgewälzt, er lag gegen das Fenster entkräftet auf dem Rücken, war in völliger Kleidung, gestiefelt, im blauen Frack mit gelber Weste.

Das Haus, die Nachbarschaft, die Stadt kam in Aufruhr. Albert trat herein. Werthern hatte man aufs Bett gelegt, die 25 Stirne verbunden, sein Gesicht schon wie eines Toten, er rührte kein Glied, die Lunge röchelte noch fürchterlich, bald schwach, bald stärker, man erwartete sein Ende.

Von dem Weine hatte er nur ein Glas getrunken. *Emilia Ga-*

lotti lag auf dem Pulte aufgeschlagen. 30

Von Alberts Bestürzung, von Lottens Jammer lasst mich nichts sagen.

Der alte Amtmann kam auf die Nachricht hereingesprengt, er küsste den Sterbenden unter den heißesten Tränen. Seine ältesten Söhne kamen bald nach ihm zu Fuße, sie fielen 35 neben dem Bette nieder im Ausdruck des unbändigsten

Schmerzes, küssten ihm die Hände und den Mund und der Älteste, den er immer am meisten geliebt, hing an seinen Lippen, bis er verschieden war und man den Knaben mit Gewalt wegriss. Um zwölfe mittags starb er. Die Gegenwart

5 des Amtmanns und seine Anstalten tischten einen Auflauf. Nachts gegen eilfe ließ er ihn an die Stätte begraben, die er sich erwählt hatte, der Alte folgte der Leiche und die Söhne. Albert vermocht's nicht. Man fürchtete für Lottens Leben. Handwerker trugen ihn. Kein Geistlicher hat ihn be-

10 gleitet.

tischen: *hier* beschwichtigen

Sachinformationen

Die Zeit der Aufklärung und des Sturm und Drang

Das 18. Jahrhundert gilt gemeinhin als Zeitalter der Aufklärung, noch anschaulicher bezeichnet auf Französisch als »Siècle des lumières« und auf Englisch als »Age of Enlightenment«: Dem »finsteren Mittelalter« sollte ein Zeitalter des Lichts und der Erhellung, eine Epoche der aufgeklärten Vernunft folgen. Die Philosophen der Aufklärung forderten einhellig den Gebrauch der eigenen Vernunft, um die Welt zu verstehen und aktiv mitzugestalten.

Auch in der Literatur fand dieser Gedanke rasant Verbreitung. Hauptvertreter der aufklärerischen Literatur war Gotthold Ephraim Lessing (1729–1781), dessen Dramen *Emilia Galotti* (1772) und *Nathan der Weise* (1779) aufgrund der noch heute aktuellen Fragen nach gesellschaftlichen Einschränkungen und Religionsfrieden immer wieder auf deutschsprachigen Bühnen inszeniert werden. Lessing verfasste neben literarischen Texten, insbesondere Dramen und epische Kurzformen wie Fabeln, auch theoretische Texte, in denen er die Bedeutung der Literatur für die Aufklärung hervorhob. So ging er in seiner *Hamburgischen Dramaturgie* (1767–1769 als Reihe von Theaterkritiken verfasst) im Wesentlichen auf die Wirkung von Literatur ein: Literarische Texte sollen demzufolge die Leserschaft bzw. das Publikum nicht bloß unterhalten, sondern durch anschauliche Darstellung zu einem tieferen Weltverständnis und durch das »Mitleiden« bzw. Mitfühlen zu tugendhaftem Denken bzw. Handeln führen. Dazu müssten sich Lessing zufolge die Schriftsteller/innen aus den engen Fesseln der bis dahin üblichen Regelpoetik lösen, die genaue Regeln zum Verfassen literarischer Werke vorschrieb, und gestalterisch frei sein wie der englische Dramatiker William Shakespeare (1564–1616).

In dieser Orientierung an Shakespeare zeigt sich die geistige Nähe des Aufklärers Lessing zu den jungen Schriftstellern seiner Zeit, die dem »Sturm und Drang« zugeordnet werden. In den 1770er- und 1780er-Jahren traten junge, engagierte Autoren wie Johann Wolfgang Goethe, Friedrich Schiller, Jakob Michael Reinhold Lenz und Max Klinger in der »Literaturszene« in Erscheinung. Oft wurden sie als Befürworter einer radikalen Gefühlskultur und als Gegner der Aufklärung beschrieben. In der heutigen literaturwissenschaftlichen Forschung werden Aufklärung und Sturm und Drang jedoch nicht mehr als Gegensätze gesehen. Stattdessen gilt der »Sturm und Drang«, dessen Name sich aus Maximilian Klingers gleichnamigem Drama (1776) ableitet, eher als literarische Strömung im Zeitalter der Aufklärung.

Doch welche Ideen vertraten die jungen Autoren? Und warum wurden sie lange als Gegner der Aufklärung verstanden? Das Aufbegehren gegen vorherrschende Traditionen, gegen eine bestehende Gesellschaftsordnung und gegen die Vätergeneration war Thema eines der berühmtesten Dramen der damaligen Zeit (*Die Räuber* von Friedrich Schiller), aber auch von Gedichten und Texten Goethes, z. B. seiner langen Hymne *Prometheus*. In diesem Gedicht begehrt der Titan (d. h. der einem Göttergeschlecht in der griechischen Mythologie angehörende) Prometheus gegen den Gottvater Zeus auf. Er klagt Zeus an, nur vom Opfergeld der Gläubigen zu leben und ihnen nicht zu helfen. Gegen diesen Gott erhebt Prometheus sich, indem er seine Autonomie und seine geniale Schöpferkraft hervorhebt.

Hier wird ähnlich wie in der Aufklärung die Selbstständigkeit des Individuums betont, das sich nicht mehr nur an Autoritäten, sondern auch am eigenen Können und Denken orientieren soll. Aus diesem Gedicht kann man aber auch Kerngedanken des »Sturm und Drang« herauslesen: Zum einen war unter Schriftstellern der Gedanke des Original-Genies verbreitet, d. h., der einzelne Schreibende sollte sich nicht an irgendwelchen Schreibregeln orientieren, sondern seine Themen und Formen aus sich selbst, aus eigenem Erleben und eigenen Denkregeln heraus entwickeln. So sprengten die Stürmer und Dränger sowohl die strengen lyrischen Formen, etwa durch freie Rhythmen und neue Metaphern, als auch die engen Vorgaben der herrschenden Dramentheorie, beispielsweise durch freie Sprachgestaltung, mehrere Handlungsstränge und Kurzszenen. Zum anderen sollte, wie der Vers »Heilig glühend Herz« signalisiert, nicht nur die Vernunft das Denken und Handeln leiten, sondern auch das eigene Gefühl bzw. Empfinden, mit anderen Worten: das Herz. Das »Herz« erweitert nach diesem Verständnis die Vernunft und grenzt sie nicht aus, es verhindert gewissermaßen eine einseitige Betonung der Rationalität, wie sie in radikalen Formen der Aufklärung vorkam. Beide Seiten aber, Gefühl und Ratio, richteten sich gegen die überkommene gesellschaftliche Ständeordnung und gegen aufoktroyierte religiöse Vorstellungen und zielten auf die Freiheit der Bürger, z. B. Meinungsfreiheit und Pressefreiheit.

Verbunden mit Geniekult, Gefühlserleben und Freiheitsstreben war die Naturnähe der Stürmer und Dränger. In ihren Augen schöpft das Dichter-Genie neue Ideen und Werke aus der Natur und aus sich selbst. Nur die Natur bietet dem Gefühlsmenschen einen Fluchtort vor Gelehrsamkeit und Kultur und die Möglichkeit, sich selbst als Individuum zu erleben. Nur in der Natur kann der Einzelne schließlich Gott erfahren, sei es im Sinne des christlichen Schöpfungsglaubens oder im Sinne des damals Anklang findenden Pantheismus, der Gott als schöpferische, allgegenwärtige Kraft in der Natur und nicht als personale, außerweltliche Macht ansieht.

Literatur

Bark, Joachim/Steinbach, Dietrich/Wittenberg, Hildegard (Hrsg.): Epochen der deutschen Literatur. Stuttgart u. a.: Klett 1998.

Beutin, Wolfgang u. a.: Deutsche Literaturgeschichte. Von den Anfängen bis zur Gegenwart. Stuttgart/Weimar: Metzler, 7., erw. Aufl. 2008.

Karthaus, Ulrich/Manß, Tanja: Sturm und Drang, Epoche – Werke – Wirkung. München: C. H. Beck, 2., aktualisierte Aufl. 2007.

Der gesellschaftliche Umgang mit dem Suizid

Suizid bzw. Selbsttötung meint die absichtliche Beendigung des eigenen Lebens und war, jenseits vom damit verbundenen menschlichen Leid, immer auch eines der umstrittensten moralischen Themen. Dies lässt sich schon an den unterschiedlichen Begrifflichkeiten erkennen: Suizid ist der heute wissenschaftlich gängige Begriff, Selbsttötung der juristische Terminus. Freitod bzw. Selbstmord bewerten die Tat dagegen moralisch eher positiv bzw. negativ. Die möglichen Gründe für einen Suizid sind vielfältig. Die große Mehrzahl der Selbsttötungen wird nach neueren Untersuchungen infolge von psychischen Erkrankungen begangen. Nur wenige Menschen bringen sich »spontan« wegen einer schwierigen Lebenssituation um, wobei die situative Aussichtlosigkeit nicht immer klar von psychischen Erkrankungen abzugrenzen ist. Eine andere Problemlage liegt vor, wenn ein Mensch sich aufgrund einer schweren, unheilbaren Erkrankung nach Abwägung seiner Lebensperspektiven zur Selbsttötung entschließt. Hier spricht man von einem »Bilanzsuizid«. Sonderfälle sind Selbsttötungen, bei denen vorsätzlich andere Menschen mit getötet werden, wie der sogenannte »erweiterte Suizid« (der Begriff wird als euphemistisch kritisiert), Selbstmordattentate als Bestandteil einer (para)militärischen Taktik oder der Suizid als Form des politischen Protests. Statistisch gesehen ist die »Neigung« zum Suizid stark abhängig von Alter und Geschlecht. Demnach bringen sich deutlich mehr alte Menschen um als junge, mehr Männer als Frauen. Die Anzahl der Suizidsterbefälle ist in Deutschland bis 2007 gesunken und steigt seitdem wieder leicht an. Für das Jahr 2011 wies das Statistische Bundesamt 10144 Suizidopfer aus. Die Zahl der Suizidversuche liegt etwa zehn- bis fünfzehnmal höher. Bei beiden Quoten, vollendeter Suizid und Suizidversuch, ist aber von einer hohen Dunkelziffer auszugehen.

Rechtlich mag Selbsttötung in Deutschland nicht mehr strafbar sein, moralisch aber bleibt sie umstritten. Die widersprüchlichen Bewertungen sind seit der Antike dokumentiert:

1. Abgelehnt wird Selbsttötung von den drei monotheistischen Weltreligionen Judentum, Christentum und Islam, aber auch von zahlreichen Philosophen, u. a. Platon (ca. 428–348 v. Chr.) und Immanuel Kant (1724–1804). Im Judentum wie im Christentum gilt die Welt als Schöpfung Gottes und das menschliche Leben als Geschenk Gottes. Wenn der Mensch sich selbst tötet, missachtet er damit Gottes Schöpfungswillen und das fünfte Gebot (»Du sollst nicht töten«). Über sein Leben darf der Mensch deshalb nicht frei entscheiden, sondern er soll es verantwortungsvoll führen und erhalten. Suizidopfern wurde im Christentum und im Judentum bis weit ins 20. Jahrhundert hinein die traditionelle religiöse Bestattung auf einem geweihten Friedhof versagt. Ähnliche Argumentationslinien verfolgten viele (antike) Philosophen, wenn sie etwa im Suizid einen Verstoß gegen die Interessen der Gemeinschaft sahen.

2. Befürwortet wurde der Suizid unter bestimmten Bedingungen von einigen Philosophen seit der Antike. So sahen die sogenannten Stoiker in der Selbsttötung einen Akt der

menschlichen Freiheit. In dieser Tradition stehend, unterstützte etwa der römische Philosoph Seneca (ca. 1–65 n. Chr.) den Suizid, da für ihn die Qualität des Lebens entscheidend war im Gegensatz zum bloßen Existieren. Unter bestimmten Bedingungen befürwortet wird die Selbsttötung aber auch in anderen Kulturen und Religionen.

Literatur

Braune-Krickau, Tobias: Suizid – Annäherungen an ein Grenzphänomen. Online unter http://www.ethikinstitut.de/fileadmin/ethikinstitut/ redaktionell/Texte_fuer_Unterseiten/Jugend_und_Werte_Newsletter/ 8-Dezember_2009_-_Suizid.pdf [abgerufen am 15.9.2015].

Bronisch, Thomas: Der Suizid: Ursachen, Warnsignale, Prävention. München: C. H. Beck, 2014.

Nationaler Ethikrat (Hrsg.): Selbstbestimmung und Fürsorge am Lebensende. Stellungnahme. Berlin 2006. Online unter http://www.ethikrat.org/dateien/pdf/selbstbestimmung-und-fuersorge-am-lebensende.pdf [abgerufen am 15.9.2015].

Der Briefroman

Der Briefroman ist eine Sonderform des Romans. Er besteht aus einer Reihe von Briefen von einem/einer fiktionalen Schreiber/in oder mehreren miteinander kommunizierenden Schreibenden. Entsprechend kann das Geschehen monoperspektivisch oder multiperspektivisch geschildert werden. Ergänzt wird die Sicht der Briefschreiber/innen zumeist durch andere Schreibformate wie Tagebuchauszüge, Einleitung oder Nachwort eines fiktiven Herausgebers/einer fiktiven Herausgeberin der Briefe.

Die Ich-Perspektive der Briefe erzeugt wie beim erzähltechnisch verwandten Tagebuch eine große Nähe zwischen Ich-Erzähler/in und Leser/in, weil man sich beim Lesen gleichsam als Briefadressat/in fühlen kann. Im Brief werden oftmals – wie im Tagebuch – Erlebnisse sehr subjektiv und emotional geschildert, ohne Rücksicht auf literarische Konventionen, oft sehr direkt und authentisch, teils pathetisch. Der/die Lesende gewinnt dadurch Einblick in intensive seelische Empfindungen. Diese Erzählform erlaubt es, die Hauptfigur (den/die

Schreiber/in) durch ihre Selbstoffenbarung in den Briefen eindringlich und authentisch zu charakterisieren. Können multiperspektivische Briefromane die Ereignisse und Figuren differenziert schildern, so erlaubt ein monoperspektivischer Briefroman nur die Darstellung einer Sichtweise. Beide Formen verlangen ein konzentriertes und mitdenkendes Lesen, weil die Figur des Briefschreibers/der Briefschreiberin unter Umständen auf der Leserschaft unbekannte Briefe oder Ereignisse reagiert und diese aus dem Wortlaut des Briefes rekonstruiert werden müssen.

Der Briefroman erlebte seine Blütezeit im 18. Jahrhundert, in dem es eine intensive bürgerliche Briefkultur gab. »Der Briefroman ist im 18. Jahrhundert nicht eine Form unter anderen, sondern in der Tat paradigmatisch. Derart eng ist seine Beziehung zu den wichtigen Tendenzen des Zeitalters – Ich-Bewusstsein und pointierte Gegenwärtigkeit, individuelle Selbsterschließung und subjektive Authentizität, Verschränkung von Gesellschaft und Einsamkeit –, dass er alle anderen Formen zu absorbieren vermag: den Abenteuer- und Liebesroman aus der älteren Tradition, den psychologischen und Entwicklungsroman aus der neueren, Tagebuch und Autobiografie von der Peripherie der Kunst.« (Mattenklott 2000, S. 131)

Berühmt wurden vor allem die Briefromane des englischen Autors Samuel Richardson (1689–1761), des französischen Philosophen und Pädagogen Jean-Jacques Rousseau (1712–1778), der deutschen Schriftstellerin Sophie von La Roche (1730–1807) und eben Goethes.

Briefromane werden auch heute noch verfasst, haben aber nicht mehr die literarhistorische Prägekraft und Bedeutung der Romane des 18. Jahrhunderts, auch wenn moderne Varianten wie der E-Mail-Roman (z. B. Daniel Glattauer: *Gut gegen Nordwind)* erfolgreich sind.

Literatur

Mattenklott, Gert: »Briefroman«. In: Volker Meid (Hrsg.): Sachlexikon Literatur. München: Deutscher Taschenbuch Verlag 2000 (Lizenz des Bertelsmann-Lexikon-Verlages, München/Gütersloh), S. 129–132.

Wilpert, Gero von: Sachwörterbuch der Literatur. Stuttgart: Alfred Kröner Verlag, 8., erw. Aufl. 2013.

Die Ständegesellschaft

Wenn man die Begriffe »Ständegesellschaft« oder »Ständeordnung« hört, denkt man meistens an das Mittelalter. Doch hielt sich die Ständeordnung noch weit über das Mittelalter hinaus. Die Ordnung der drei Stände existierte etwa seit dem 11. Jahrhundert und galt bis zum 19. Jahrhundert in Teilen Europas: Den ersten Stand bildete der Klerus, d.h. die Gruppe der Geistlichen wie z.B. Bischöfe und Pfarrer. Den zweiten Stand bildete der Adel. Den dritten Stand stellten ungefähr 90 Prozent der Menschen: das Volk, d.h. Bürger, Bauern, Handwerker. Angeführt wurde die Ständeordnung vom König bzw. Kaiser und von Bischöfen bzw. dem Papst. In den zweiten und dritten Stand gelangte man durch Geburt. Der erste Stand bot für einige Menschen von niedriger gesellschaftlicher Herkunft die Möglichkeit des Aufstiegs, ansonsten war das Ständesystem durch weitgehende Undurchlässigkeit geprägt. Seltene Beispiele für einen sozialen Aufstieg waren Bürger, die aufgrund besonderer Leistungen bzw. durch die Gunst ihres Fürsten einen Adelstitel zugesprochen bekamen; Beispiele für den Abstieg waren verarmte Adlige, die ihren Adelspflichten (z.B. Kriegsdienst) aus finanziellen Gründen nicht mehr nachkommen konnten. Innerhalb der Stände gab es eine deutliche Hierarchie, etwa im Klerus zwischen Bischöfen und Landpfarrern.

Die Ständeordnung wurde als von Gott eingesetzte Ordnung proklamiert. Für jeden Stand galten nicht nur strenge Kleidungs- und Verhaltensvorschriften, sondern auch bestimmte Aufgaben. Grob gesagt, war der Klerus für das Seelenheil zuständig, der Adel für die Verteidigung gegen Feinde und das Volk für die tägliche Arbeit. Bis ins 18. Jahrhundert hinein wurde die Ständeordnung nicht prinzipiell in Frage gestellt, auch wenn die Standesschranken durchlässiger wurden. So verstand Martin Luther die »Freiheit des Christenmenschen« als eine nur die Beziehung zu Gott betreffende, während die

Unterordnung unter weltliche Macht selbstverständlich blieb. Er fasste den dritten Stand als »Hausstand«, in dem der Hausvater über Angehörige und Gesinde bestimmte.

Die Ständeordnung gab eine klare Leitlinie und damit Orientierung vor. Ihre negativen Seiten – mangelnde Durchlässigkeit zwischen den Ständen, Privilegien durch Geburt (z. B. Steuerfreiheit des Adels), vorherbestimmte Bürden und Aufgaben, Fremdbestimmung statt Selbstbestimmung – führten (allerdings erst im Verlauf von Jahrhunderten und nach zahlreichen Modifikationen) schließlich zum Scheitern dieses Gesellschaftsmodells.

Literatur

Buttinger, Sabine: Das Mittelalter. Stuttgart: Konrad Theiss Verlag, 3., korrigierte und aktualisierte Aufl. 2012.

Großbongardt, Annette/Saltzwedel, Johannes (Hrsg.): Leben im Mittelalter. Der Alltag von Rittern, Mönchen, Bauern und Kaufleuten. Ein SPIEGEL-Buch. München/Hamburg: Deutsche Verlags-Anstalt 2014.